京都発・庭の歴史

今江秀史
Imae Hidefumi

世界思想社

はじめに

本来「庭」とは、「見る」ためだけのものではなく、「使う」ためのものです。これまで「庭園」の本は数多く刊行されてきましたが、そこで語られる内容は様式やデザイン、作庭家のことが中心で、実際の使われ方についてはほとんど語られてきませんでした。

そもそも見た目や美しさにより解釈されてきた「庭園」は、日常の生々しい現象である「庭」とは別のものです。なぜなら「庭園」とは、本書で挙げる四区分の庭のなかから一部の学問のルールにとって都合のよい事柄だけを抜き出して合成した「偶像」だからです。そういった学問ではこのことに触れないまま、まるで「庭園」が「庭」のすべてであるかのように論じてきました。ギリシア神話において、ライオンの頭とヤギの胴体、ヘビの尾をもつ怪物のことを「キメラ」といいますが、まさに「庭園」の本で語られてきたのは「庭のキメラ」なのです。

庭がキメラ化を起こす第一の原因は、本来であれば生々しい現象である庭を無理に静物として扱おうとすることです。

また、発掘調査によって古来の庭が発見されて整備されるときにも、キメラ化が起こることがあります。埋没した庭が発掘で検出されると、歴史の検証を踏まえて、よく整備されたうえで公開されます。これは私も実際に経験したことなのですが、現代でも使われている庭の修理にあたっては、事前の調査で偶然発見された遺構が、部分的に整備されることがあります。それは従来知られてこなかった現物が再び見られるようになったという意味で、喜ばしいことです。しかし、安易にそんなことをしてしまうと、時代の流れのなかで存続してきた現在の庭に、同時に存在しえない過去の断片が混在するという奇妙な状態を引き起こすことになります。こうして庭がキメラ化してしまうと、たとえ説明が添えられたとしても、後世の人々に誤解を与えかねないでしょう。

さらに庭のキメラ化の遠因として、その起源が定まらないことがあります。これまで行われてきた発掘調査では、庭と姿かたちが似ている祭祀場や方形池、磐座《いわくら》(神の依り代となる岩石)、ストーンサークルなどといった遺構が検出されてきました。もとより時代をさかのぼるほど文字の記録が希少であることから、庭の遺構の発見は、ミッシング・リンクの解消につながり、その歴史の体系化が一気に進むと期待されました。しかし結局のところ、無文字社会の出来事はかならずしもその後の史料と照合できないので、庭の起源はいつまでたっても想像の範囲を出ることがありません。

人間のルーツが人骨という「物」のＤＮＡ解析でたどられるのとはちがって、「事」を交える庭の起源を遺跡だけから明らかにすることはできません。そこで本書では、庭の起源を探ることをいさぎよく諦めて、確実に史料が残る平安時代から出発することにします。もちろん史料がある時代の庭という点では、奈良時代を含めるべきでしょう。しかし、私がある学会の見学会で、平城京宮跡庭園（奈良県奈良市）の修理現場を訪れたさいに、平安京内の遺跡と比べると、そのつくりは、耐久性や堅牢性への関心が薄いとみられ、双方の「質」が同じであるかについては、あらためて検証の余地があるという話題になりました。そのような経緯から、本書では奈良時代を取り上げるのは見送ることにしました。

さらにいえば、従来の「庭園」の本において、日本あるいは中国、イギリス、フランス、ドイツなど、国ごとに「庭園」を分類してきたことも、庭がキメラ化してきた原因といえます。そもそも日本の庭のルーツが中国と朝鮮にあるのはいうまでもありません。外観上はそれぞれちがって見える庭であっても、それらはどこかで中国・朝鮮とつながり、さらにはシルクロードを通じて西洋とも関わりがあるのです。にわかに信じがたいかもしれませんが、ベルサイユ宮殿の前面に広大な敷地があり、背面に広大な植栽帯と池が設けられている状況は、京都御所の紫宸殿《ししんでん》の前庭と隣接する園池の関係と重なって見えます。また私からすればスペイン住宅の中庭であるパティオも、京町家のいわゆる坪庭と同じようなものです。

これから本書で解説する庭の基本を理解すれば、すべてのキメラ化の原因を取り除く処方箋になるだけではなく、世界中の庭に共通点を見出すことができるでしょう。

私は京都市文化財保護課に所属してきた、文化財の分野ごとに配属された専門技師の一人です。担当は、主に嵐山や醍醐寺三宝院、龍安寺方丈の庭などといった「名勝」です。また、役人としての仕事とは別に、「現象学」という哲学にのっとった庭の学術研究を行っています。いわゆる、在野の研究者です。本書は、技師としての仕事と私個人の研究成果にもとづいた「庭」の歴史の案内書です。

まず序章では、平安時代から続く庭の基本的な四区分と言葉の整理をします。第1章から第4章にかけては、平安時代から近代までの庭の使われ方をたどると同時に、各時代の人々が庭に求めた意味をひも解いていきます。そして第5章では、まさに現代の庭仕事の実情を描きます。終章では、本書の考え方の原点である、十九世紀のドイツで生まれた哲学「現象学」を通して、庭の本性を浮き彫りにします。

本書をお薦めしたいのは、庭に興味があって旅行などでも訪れるけれども深入りするには抵抗感がある、これまでの案内書で庭の歴史を理解することができなかったという方です。また、庭や建築の仕事や研究をしている方は、批判や議論の対象としてお読みくだされば幸いです。芸術学や考古学、人文地理学、人類学、歴史学など、間接的に庭と関わる分野、さらには日常生活を念頭に置く現象学などの哲学の研究者にも関心をもっていただけるでしょう。

本書を一読すれば、きっと庭はもちろん住まいに対する見方が一八〇度変わって、日常生活で身近にある庭と建築の関係を系統立てて理解することができます。そうすれば、観光や勉強のために古い庭や建築を訪れたときには、どの部分が過去を引き継いでいて、どこが新しいかを判別しやすくなります。また何気なくみるかぎりでは、住まいのなかの空地と思えるような一画も、生き生きとした意味のある庭として認められてくるはずです。その結果として、毎日の移動から旅行先での体験までもが豊かで充実したものになるでしょう。

目次

序章　時を越えてつながる小学校と平安貴族の住宅

1　庭の四つの基本区分

平安時代から現代までの千二百年以上もの間、住まいの「庭」は四つの基本的な区分からなってきました。史料におけるそれらの呼び方はさまざまですが、本書では「大庭《おおば》」「坪」「屋戸《やど》」「島」（後で解説しますが、「島」は一般にいうところの「庭園」に相当します）とします。現代ではこの区分と呼び方を知る人がほとんどいません。それは、近代以降に「庭園」という語が普及したことによって忘れ去られてしまったからです。ちなみに京都市が指定する文化財の庭は、長らく「○○庭園」と呼称されてきましたが、二〇一〇年の「角屋の庭」以来、「○○の庭」という表現に移行しました。その結果、指定の範囲は――庭園にかぎらず――四区分の庭へと広がっています。

これから庭の基本を紹介するにあたっては、読者のみなさんにも馴染みがあると思われる日本の小学校の敷地を補助線にしていきます［写真序―1・図序―1・図序―2］。

[写真序－1]　六条院復元模型
平安京には東西南北に大路・小路と呼ばれる道路が整然と敷かれ、交差する道で区切られた方形の範囲は、大から小の区画にかけて条・坊・町と称されました。それら塀や水路で仕切られた敷地は、政務につくために日本全土から集まった有力者、下級官人、衛士（警護に当たる者）や舎人（雑用に従事する者）らの宅地となりました。これから解説する四区分の庭は、おもに内裏や大内裏、そしてこの写真にみられる貴族の宅地内につくられました。

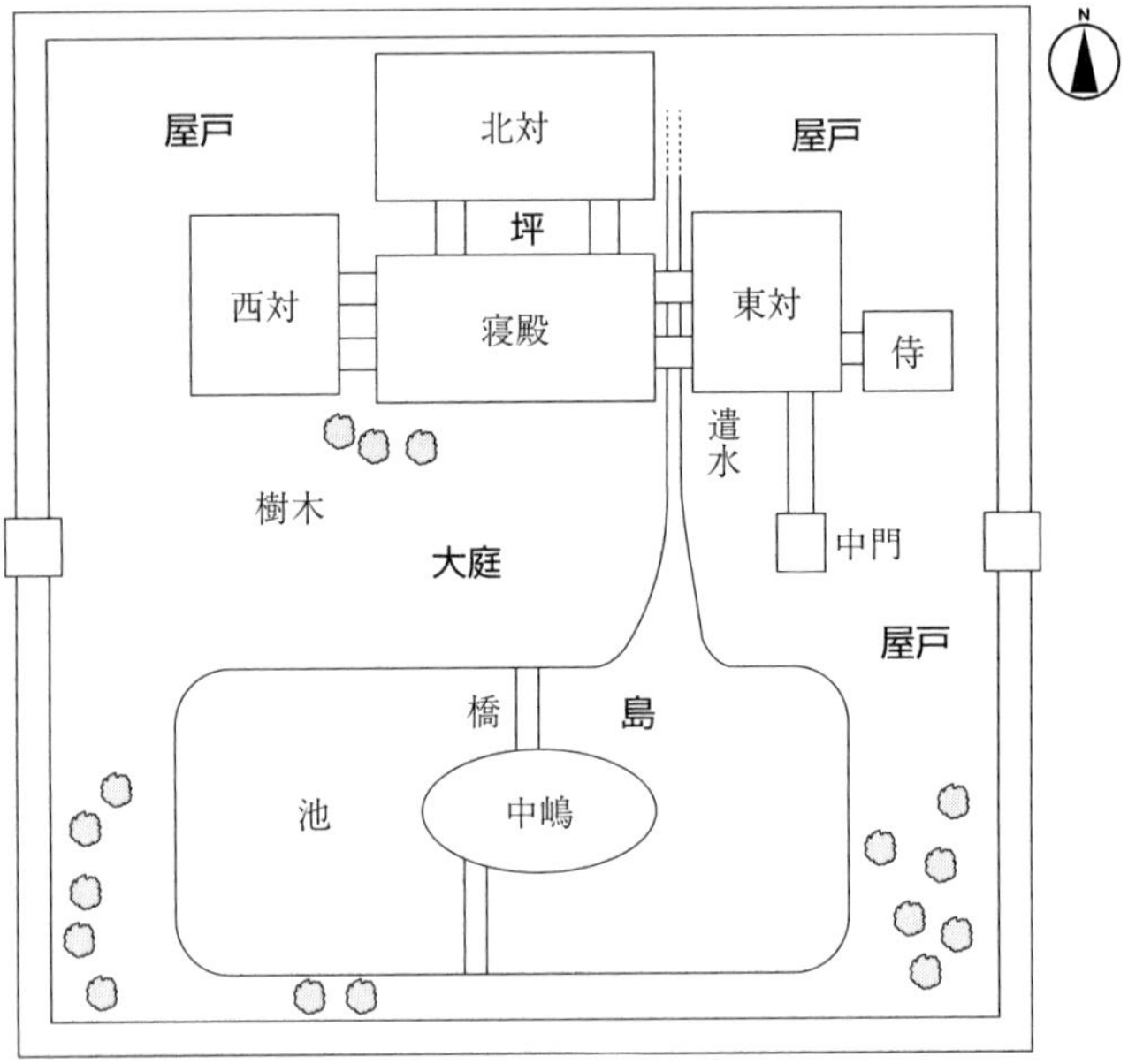

[図序－1]　寝殿造住宅の敷地

長方形の宅地の中心には、主人の居所かつ公的な行事のための寝殿があります。原則的に寝殿は南側を正面として、その前方には、「大庭」、さらに南奥には「島」（＝庭園）が置かれました。寝殿の東西北には対《たいの》屋《や》という付属の建物（東対、西対、北対）を配し、それぞれが廊下（渡廊《わたりろう》）でつながっていました。対屋は、寝殿の正面をのぞく三方向に配されました。そして寝殿と対屋をつなぐ廊下の中間にできた方形の区画が「坪」で、それ以外の土地が「屋戸」といえます。

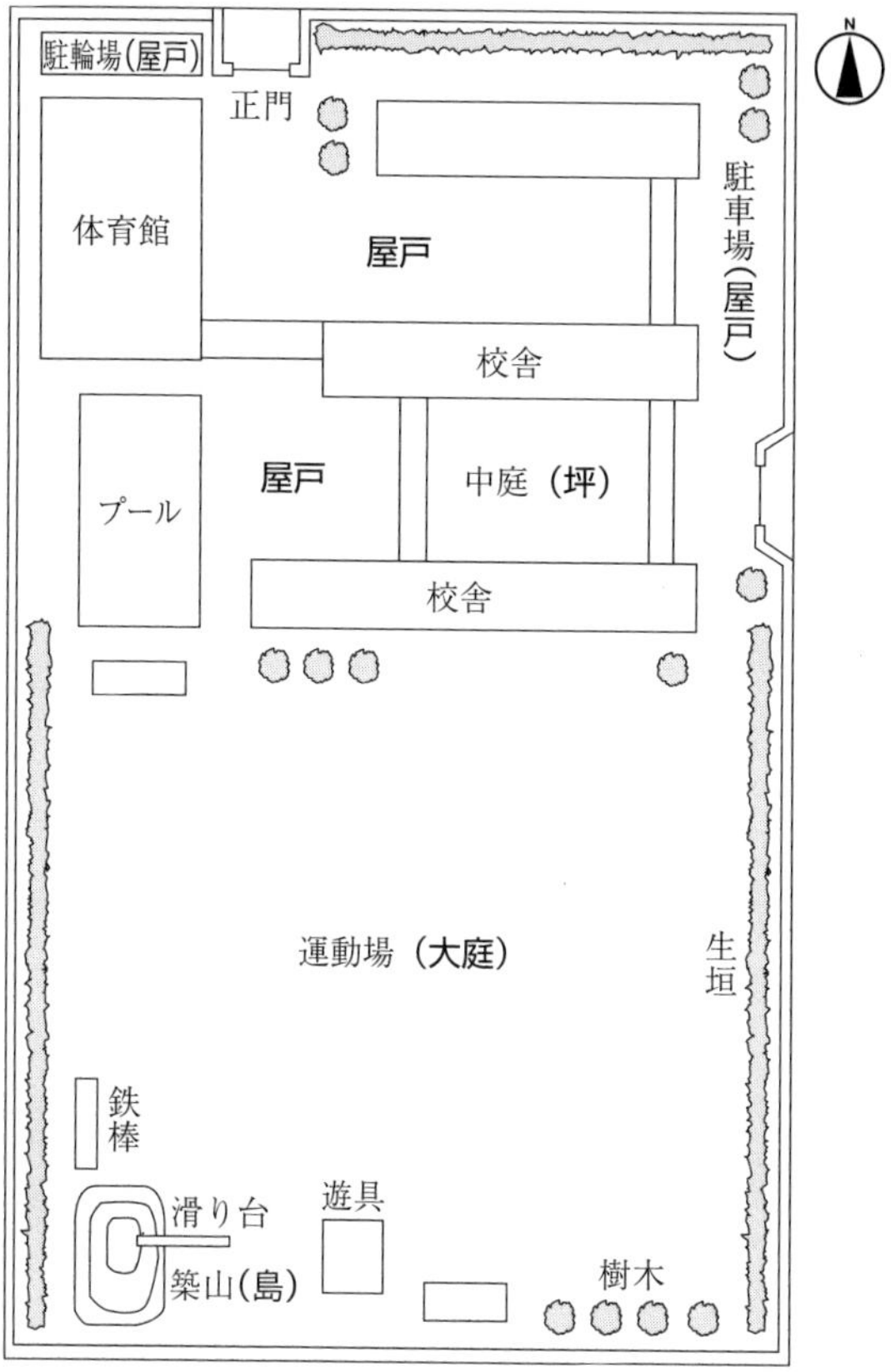

［図序－２］　小学校の敷地

これは昭和後期頃につくられた小学校の敷地の一例です。平行して建つ校舎の両端を渡り廊下でつなぎ、中間には中庭（坪）があります。それらの正面には運動場（大庭）が配されています。校舎の外周には駐輪場や自動車の駐車場（屋戸）があり、運動場の端には築山《つきやま》（島）や遊具が置かれます。それらの用途に支障がない外構や余地には、季節を感じさせる桜や、目隠しのための樫などが植えられています。近年新しくつくられる校舎では該当しない場合もありますが、小学校の敷地の構成は、典型的とされる寝殿造住宅に似通っています。これも多数の人がひとつの行事をするための土地の利用は、傾向が似てくることをそれとなく示しています。

大庭

まず「大庭」とは、寺社の境内や住まいの主要な建築の正面に広がる平坦な庭です［写真序−2］。小学校の敷地なら、朝礼などが行われる校舎前面の校庭、あるいは運動場といえます。一般の戸建住宅ではみられませんが、集合住宅の前面には車寄せを兼ねた広い余地が設けられ、夏祭りや市場などの催しなどが行われる場合があります。まさに多くの人々が集まって行事をする土地、それが大庭なのです。この庭は四区分のなかでもっとも公的かつ格式のある庭で、その最高峰といえるのが、天皇の公式行事のために用いられてきた京都御所の紫宸殿《ししんでん》にともなう大庭です。それは特別に「南庭《だんてい》」と呼ばれます。

大庭は姿かたちの特徴がほとんどありません。それは行事をすることが前提とされていたため、敷地の中央に何も設けられていないからです。樹木も建物周りにわずかしか植えられません。つまり、実際に大庭を目の当たりにしても、催しが行われていないかぎり、白砂や土、苔などが敷かれた空き地としか思えません。逆にいえば、使われ方を知らないと大庭は認識することができないのです。

［写真序－２］　六条院復元模型に見る「大庭」
大庭は、年中行事を含む公的な儀式の舞台として、平安時代の庭のなかでもっとも多用された庭です。今もなお大庭は、各地の寺院境内の主要建物の前方に設けられているので、誰もが目の当たりにすることができます。しかし催事がないかぎり、そこは通行以外には無用の平坦地なので、庭として識別されていないのが実情です。

坪

次に「坪」とは、建て込んだ住まいに風を通し、太陽の光を導き入れる庭のことです[写真序—3]。小学校では、渡り廊下でつながる二つの校舎の中間にできる中庭といえます。いわゆる町家の坪庭を想像するかもしれませんが、坪が四方を個別の建物と渡り廊下で囲われた「ロ」の字の区画であるのに対して、坪庭は必ずしもそうではありません。後者は、むしろこの後に述べる「屋戸」の一種です。坪の姿かたちは大庭と似たようなものです。平安時代の坪は、私事の儀式や遊びができるほどの広い敷地をもっていましたが、時代が下るにつれて実用性がなくなり、規模は縮小しました。

［写真序－３］　六条院復元模型に見る「坪」
日常生活の場を快適なものとし季節感を与える坪は、私的な儀式や日常事のために用いられると同時に、遊興の場所を提供しました。現代では儀式の多くが屋内で行われています。それが平安時代では庭に出て地べたに座り、飲食や遊びに興じました。現代でも桜の花見やピクニックでは、地面に敷物をして、飲食をします。かつては、そのようなことが住宅内で盛んに行われていたのです。そのため、行事をするだけの広さを確保し、庭と往来するための階段を備え付けることが必要となりました。

屋戸

「大庭」と「坪」が意識的に設けられるのに対して、「屋戸」は建築の周りに漠然と生まれる余地です［写真序－4］。小学校であれば、それは敷地外周の駐車場や自転車置き場、倉庫などとして使われる流動的な用途の土地といえます。部活動などではランニングをするために使われることもあるかもしれません。また、普段は通路や作業場、自動車などを含めた物を置くための土地です。状況によっては建築が置かれたり畑になったりすることさえあります。農家や漁師の母屋の前庭については、位置的に大庭といえそうですが、儀式ではなくさまざまな作業に用いられるので、屋戸といってよいでしょう。

屋戸が外部から住まいに入るために必ずといっていいほど利用されていることは、ほとんど意識されていません。その規模も住まいによってさまざまです。「表屋造」と呼ばれる町家の家屋の前の通路と玄関の間にある屋戸は極端に狭く［写真序－5］、対照的に、大豪邸の表門と玄関の間にある屋戸は数キロにおよぶ場合すらあります［写真序－6］。私たちにとって屋戸は、日常生活の何気ない場面で接するものなので、あまり意識されていません。実際「庭園」の案内書では、ほぼ関心がもたれてきませんでした。しかし、住まい

[写真序－4]　六条院復元模型に見る「屋戸」

寝殿造住宅において屋戸が占める範囲は意外に大きく、その奥行きと広さを活かして射遺《いのこし》や競馬《くらべうま》、蹴鞠《けまり》など大きな動きをともなう行事に使われました。たとえば、『源氏物語』に記述されている光源氏の六条院では（想像上の寝殿造住宅ですが）、その宅地西端の屋戸が馬場として用いられたとされます。

［写真序－５］　町家の屋戸

京都の夏の風物詩・祇園祭が行われる「山鉾町」では、間口の幅と比べて奥行きが長い「京町家」があります。京町家には、公道と玄関が極端に狭い種類のものがあり、それらの中間にある幅の狭い犬走り（建物のまわりや軒下に設けられた土間、通路）も、立派な屋戸です。

［写真序－６］　豪邸の屋戸
鎌倉文学館（神奈川県鎌倉市）の前身は旧前田公爵家別邸です。その正門から本館までは「招鶴洞」と呼ばれるトンネルを抜け、さらに幅広く長い通路をたどることになります。そのように広い範囲にわたる屋戸もあります。

の「間《ま》」ともいえる屋戸は、生活に厚みや自由度をあたえるうえで不可欠なものです。各所で見た目と大きさが変わるのでわかりづらいですが、庭はもちろん住まいを考えるうえでその存在を無視すると、結果的に間の抜けたことになります。

島

「島」は築山《つきやま》（人工的に築いた山）や池を築いて樹木を植えた庭です［写真序－7］。学校であれば魚や亀が飼われる池や運動場の外周に遊具とともに配された築山などといえます。なお、本書では、池に浮かぶ山を「島」と区別して「嶋」と表記します。散歩や鑑賞のために使われるこの庭は、時代に合わせていくつかの呼称が考案されてきました。厳密にいえばひとつにくくるのは難しいのですが、本書では、平安初期の歌物語『伊勢物語』の七十八段に記された「島」という語で言い表します。ただし、江戸時代の記述に関しては、「島」の意味合いが広がることに合わせて、当時の旅行案内書『都林泉名勝図会』にならって「林泉」という呼称を付け加えます。従来の案内書で「庭園」といえば、おおむね「島」か「林泉」のことを指しています。

［写真序－７］　六条院復元模型に見る「島」
園池に中嶋を浮かべ周囲に築山が施された島（＝庭園）は、現代人の感覚からすると庭の花形ですが、平安時代はあくまで大庭を補助する役割のものでした。寝殿造住宅に設けられた広大な島は、大庭や坪を使った行事の背景や演奏場として用いられました。想像の範囲を出ませんが、舟遊びや散歩にも使われていたものとみられます。

庭の呼称のあれこれ

　続いてこれら四つの基本的な区分と、「枯山水」や「石庭」などといった一般的な呼称との結びつきをみていきましょう。四区分の庭が住まいのなかの大まかな位置と役割を示す一方で、「枯山水」などにみられる表現は、「水がない」といった庭の状態、あるいは部位を言い表します。たとえば筋状の流水が掘られていれば「遣水《やりみず》」ですし、部分的に植栽が設けられていれば「前栽《せんざい》」となります。これらは四つの基本的な区分と同じく、平安時代より用いられてきた呼称です。そして「石庭」などにみられる表現は、歴史的に、四区分の庭の状態か利用状況を伝えてきました。「石庭」については石を主体としていること、「池庭」であれば池があること、「舞庭」なら演舞が、「弓庭」であれば射的が行われることを意味します。

　これらの呼称を組み合わせると、「大庭の遣水」【図序－3】や「坪の舞庭」【図序－4】、さらには「屋戸の弓庭」【図序－5】など、庭の位置と状態、利用状況を一挙に言い表すことができます。そしてこのことは、庭の意味が、住まいの位置と状態、人々の行為が一連のものになることによってはじめて成立することを示しています。

庭を「○○式庭園」と称して区別する様式論は、これまで述べてきた庭の四区分とまったく異なります。たとえば「池泉回遊式」というと、庭に池があって周回できることがすぐに連想できるため、わかりやすく感じられます。しかし、庭がどこでどのような状態にあり、何のために使われているかは伝わりません。庭では池や周回の仕組みが後付けされる場合もあるため、様式論では時代ごとの意味付けを表すこと自体に無理があります。

さらに、庭を様式論で語ることには重大な欠点があります。それは、様式によって示されるのがあやふやなイメージだけであって具体性に欠けていることです。多くの場合は、個人個人によって様式名とその内容にずれが生じてしまいます。したがって、いかに様式を通じて庭を論じたところでも、結局はお互いに表面上わかりあったつもりになるだけで、共通の理解をはかることができません。そこで庭の様式論は乗り越えるまでもなく、完全にスルーすることをお勧めします。ただし、幅広い学問分野で採用されている住まいの様式（寝殿造住宅、書院造住宅）だけは、汎用性が高いので便宜的に用いることをお断りしておきます。

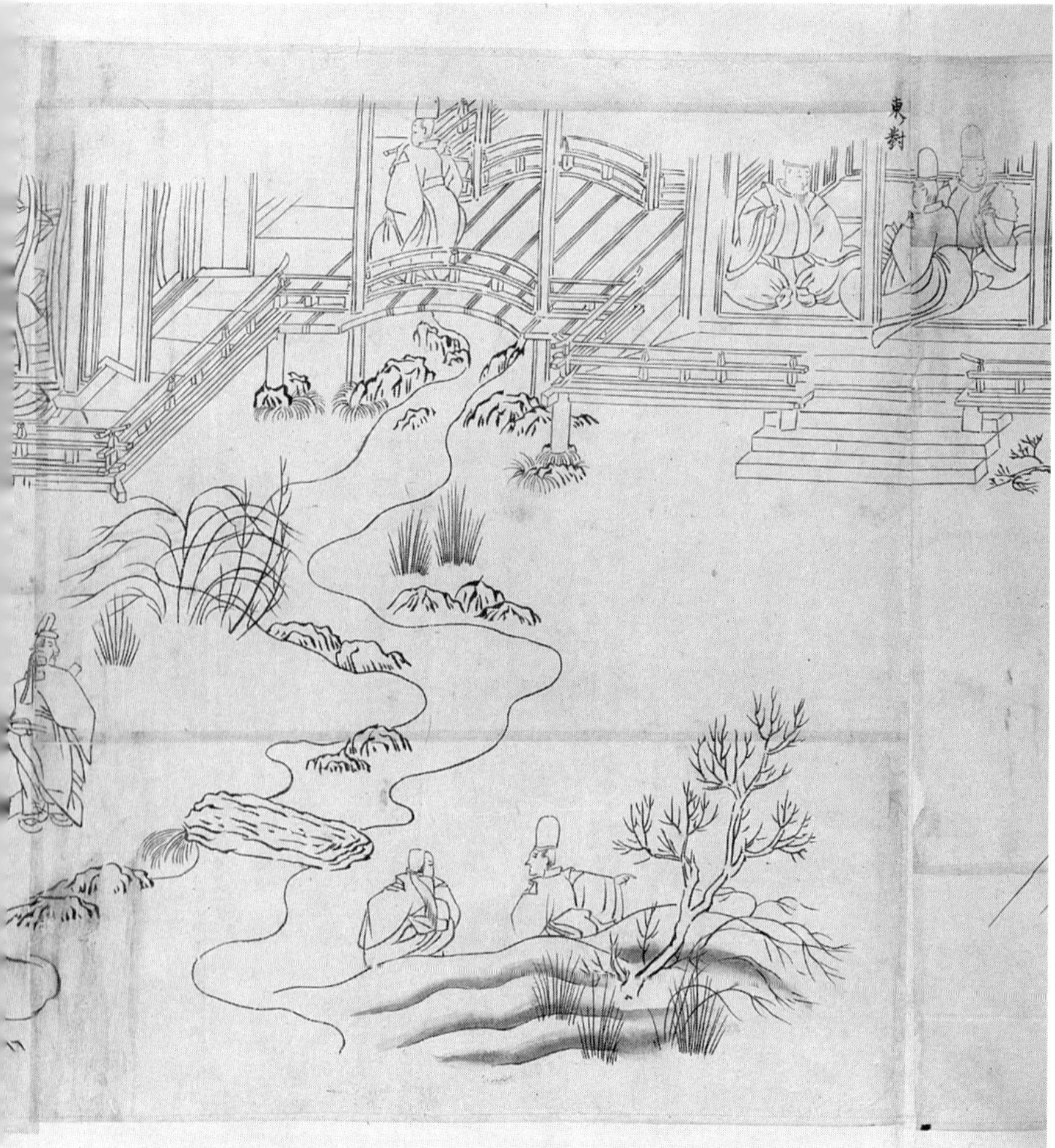
東ノ對

[図序－3]　大庭の遣水

ある貴族住宅で、六月祓《みなづきばらえ》が行われている場面です。六月祓とは、六月の末頃に行われたケガレ・邪気を払うための年中行事のひとつです。現代では夏越祓《なごしのはらえ》という行事で知られます。図の中央で、遣水（人工的に掘られた小川）の傍に立っているのは、祓いを行っている最中の陰陽師《おんみょうじ》です。寝殿の階《きざはし》の前方にある松の傍には、陰陽師が使うための案と呼ばれる小机と敷物（円座）が置かれています。遣水には、石橋が架かり、屈曲点に景石が据えられるなど、景色への配慮がみて取れます。

恭禮門
仁壽殿
東面

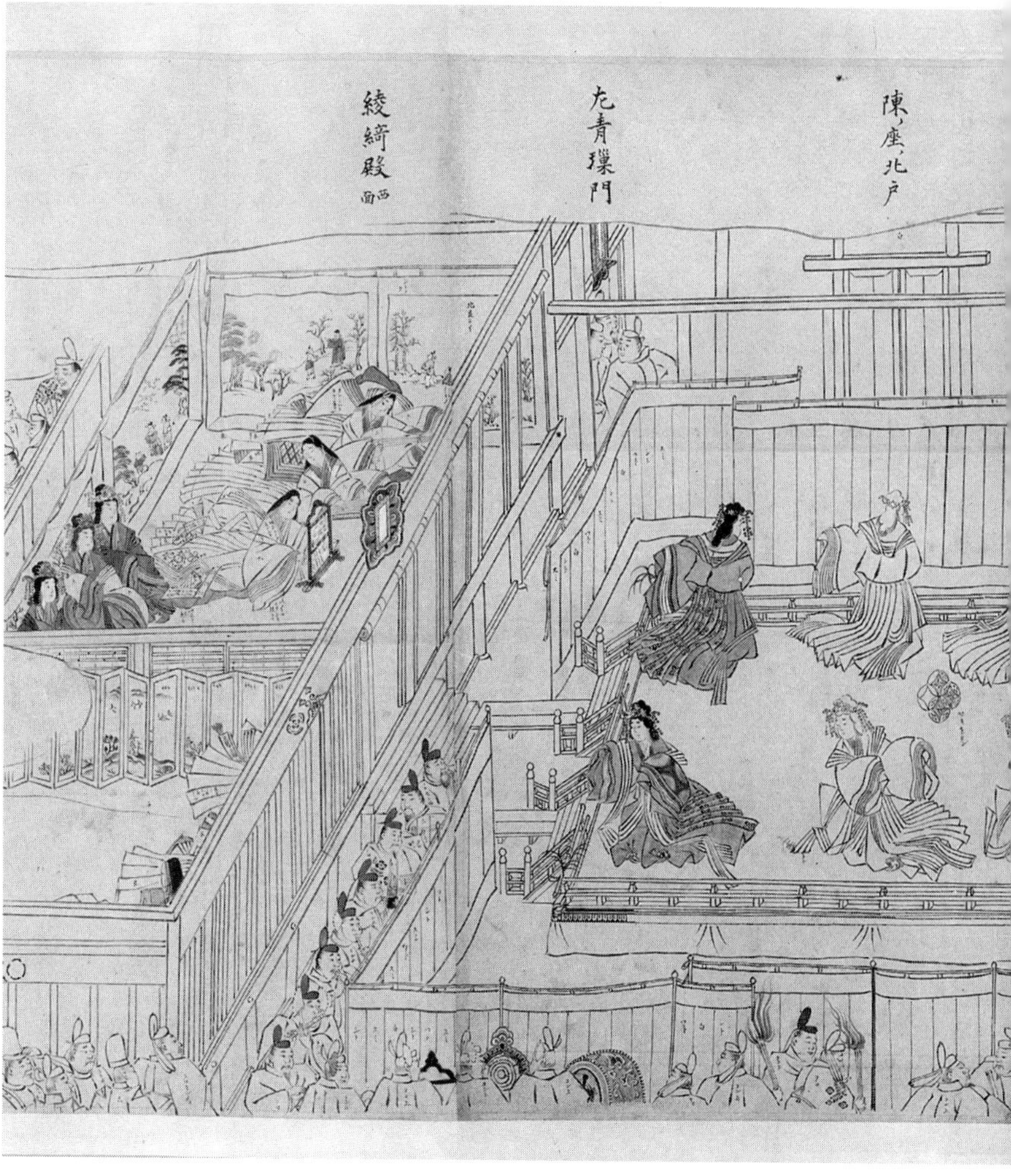

［図序－４］　坪の舞庭

京都御所（内裏）の仁寿殿《じじゅうでん》と綾綺殿《りょうきでん》の坪（仁寿殿東庭）が「舞庭」として使われている場面です。図の中央では、内宴《ないえん》（正月に天皇が仁寿殿で行った内々の宴）にともなう舞楽が行われています。坪には、高欄がめぐる舞台と三方を仕切る幔幕《まんまく》が仮設されています。舞台の上では、唐装束をまとった６人の女性舞人が「柳花苑」という演目を舞っています。官人が松明を手に立っていることから、夜であることがわかります。舞台左下の幔幕の外側では、楽人たちが楽器を演奏しています。このように坪は、大がかりな工作物をともなって数多くの人々に利用されることもありました。よって、それ相応の敷地規模が必要とされるとともに、行事に差し支えがないよう、樹木は建築の傍にさり気なく植えられる程度でした（図右下）。

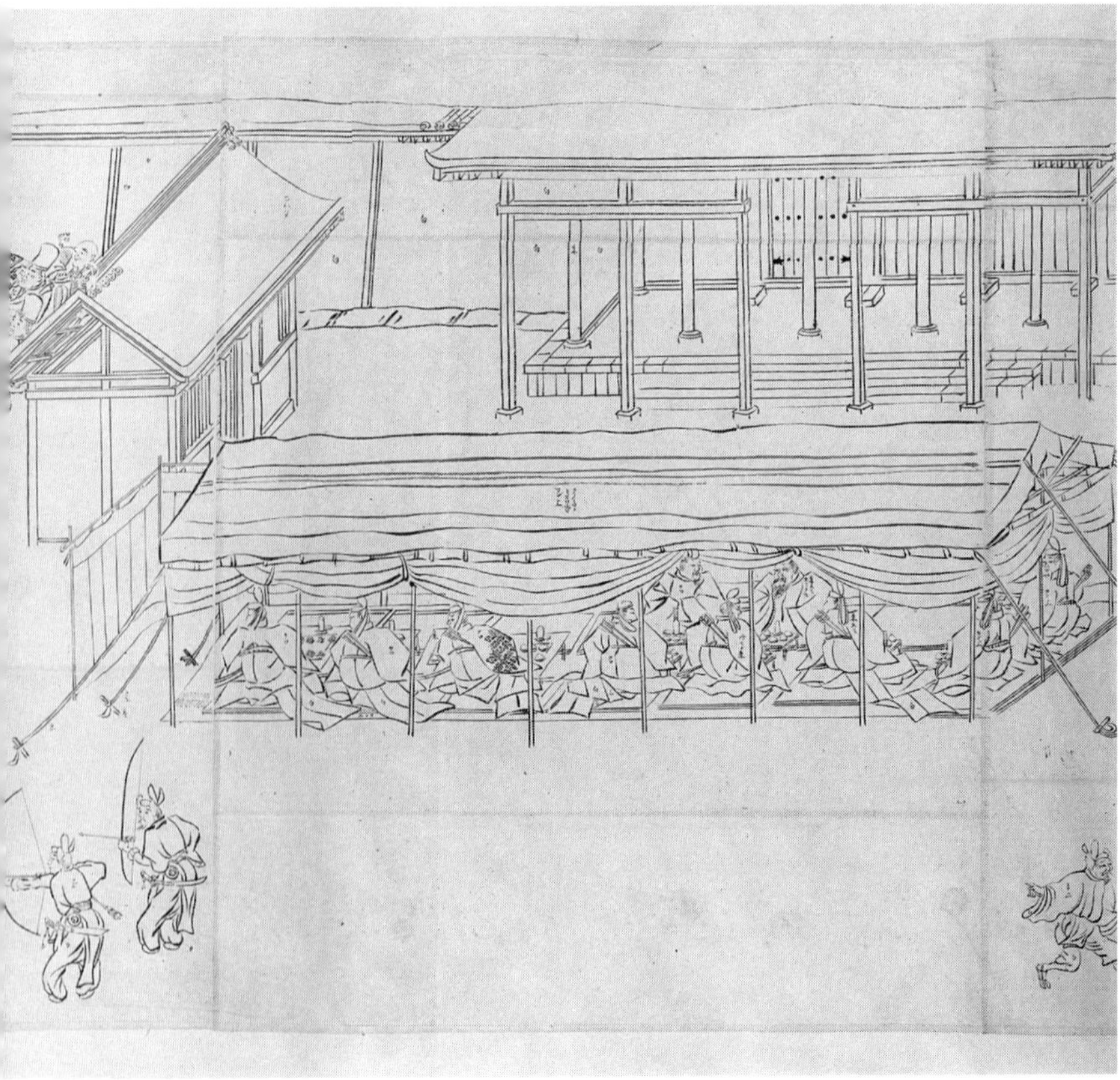

［図序－５］　屋戸の弓庭

この図では、建礼門の前の屋戸で弓競技が行われている様子が描かれています。また『御堂関白記』の正月十八日の条では「弓競技（射礼《じゃらい》・射遺）」について記されています。道長は競技を観覧するために設けられた弓場殿から計５度の勝負を眺め、その後に演奏が行われました。会場がどこであったかは書かれていませんが、平安中期では建礼門（内裏の南面外郭の中央に位置した大きな門）の屋戸で行われていたとされます。

2　知られざる庭の本性

そもそも庭の姿かたちには、家族らと快適に過ごしたり、客人を招いたりすることなど、使い手の関心や気配りが反映されています。庭師たちは、使い手の感情や意志をくんで、石や土、樹木などを寄せ集めて一体のものとし、手入れや清掃をしていきます。私たちが「庭」と呼んでいるものは、元をたどると使い手や作り手の交じりあった志向が作業を通して現れた痕跡の集まりといえます。その姿かたちの根本は庭にかかわる人々のやりとりにあるため、外観だけで知られることは、ごくかぎられています。

また「庭園」の本では、よく庭園の姿かたちから作庭家の「作庭意図」を引き出すという手法が取られてきました。それは庭園の作者と伝えられる人々について書かれた記録とその姿かたちを突き合わせて、作者の意図を物語るものです。その発想の原点は、庭園が特定の個人の手でつくられているならば当然、「作庭意図」があるだろうという素朴なものでした。しかし、庭づくりが多様な使い手や作り手による共同作業である以上、作庭家一人の意図を取り上げるだけでは「庭」を語るのに十分とはいえません。また庭は社会の要請に応じて多様性をもち、建築とともにつくられてきたため、観賞の対象として「庭園」だけに言及することには、そもそも無理があります。

本書では、そのような「庭園」の本における矛盾点を反省し、歴史を通じて、「庭」を利用する人々の関心や気配りをひも解き、その本性に迫ります。

また、先ほど述べたように、数多くの「庭園」の本では、庭を建築や美術品のように様式で説明します。読者としては「回遊式庭園」や「浄土式庭園」などといった用語を通して、すぐにわかったような気になるのですが、実際は、姿やかたちの特徴を見出すことしかできません。つねに動きをともなっている庭は、もともと静物として見立てやすい建築や美術品とちがって、様式による定式化に適していません。「無常」である庭を静物とみなすこと自体が大きな誤解なのです。

はるか昔の語の意味をさかのぼると、庭は「物」と「事」から成り立ってきました。歌集『万葉集』がまとめられた奈良時代の末期から平安時代の前期において、庭は「ニハ」と呼ばれていました。『時代別国語大辞典 上代編』（三省堂）によると、「ニハ」の語意は「①事を行うための場所。仕事を行うための場所。②家屋の前後の空地。③広い水面。海面。」とされています。さらにその補記では「にはは、本来構築された庭園を指すわけではなく、何かをするための、一定の限定された場所をいう」、「のちの場という語はにはの転である」と解説されています。

現代の私たちにとって、庭は人工的で固定された場所と感じられますが、古くは仕事など何らかの「事」を行うための土地や水面と考えられていました。陸と海を含む幅広い仕事と暮らしの範囲が想定されていることからみると、もともと庭は日常の幅広い生活圏を意味していたことがわかります。さらに現代生活の状況に置き換えれば、通勤や通学で使う電車・バスの沿線や共同住宅の共用スペース、あるいは駐車場なども「ニハ」に含まれてきます。

「庭」の生活圏という意味合いは、「家庭」という語にも含まれています。「家庭」とは、家族が暮らす住まいに家と庭が付きものであることを言い表しているのではありません。家庭のかたちというものにもいろいろあり、たとえば、住まいに依存することなく固い絆で結ばれている家族があることをみれば、その解釈が的を射ていないのは明らかでしょう。むしろここでいう「庭」は、私たちが普段、「このあたりは私の庭のようなものだ」という場合と同じく、建築に付属する土地を指しているわけではありません。「私」にとってのの「このあたり」とは、住み慣れている、あるいは通い慣れている土地のことであり、それは結果的に庭が「慣れ親しんだ生活圏」であることを示しています。「家族」が血や戸籍などによるつながりとすれば、「家庭」には、家族の衣食住のゆるやかな拠り所（家）と、家族一人ひとりの慣れ親しんだ生活圏（庭）といった二つの意味があります。家族はみな、家を拠点にして、仕事や勉学、余暇などのためにそれぞれの庭へ出かけては帰宅することを繰り返しているといえます。みなの行動のスタイルが千差万別であるからこそ、家族の間では家のなかのことだけではなく、お互いの庭を尊重することが求められてくるのです。このように、「家庭」という語から、「庭」は建築や土地などの「物」と人々が行う「事」が結びついた生々しい現象であることがよくわかります。

こうしてみると従来の案内書が「物」としての「庭園」のみに固執してきたことも不思議ではありません。それは「庭」が人々の行動によって現れ出ている「物事」であるために、静物と比べればとらえづらいからです。また、生活圏などという際限のない出来事を、ひとつの学問分野で取り扱うことにも無理があります。そこで本書では、日常の住まいにおける「家屋の前後の土地」の使い方に着目していくことにします。

これまで述べてきたことは、従来の「庭園」の理解に慣れ親しんできた読者のみなさんにとって何か煙に巻かれたような気がするかもしれません。しかし安心してください。その疑問については、具体的な事例をもって話を進めていくなかで、きっと納得していただけるでしょう。それでは、「庭」の本性をめぐる旅をじっくりとお楽しみください。

第1章

使わなければ庭ではない

平安時代

1　庭で行事と季節を楽しむ

大庭

平安時代の庭は、年中行事など公的な儀式の舞台として数多く実用されました。まずは四区分の庭ごとにその使い方についてみていくと、もっとも輝きを放っていたのは「大庭」です。そこでは、はっきりとした「静」と「動」の使い分けがなされていました。

静的な利用のひとつとしては天皇即位の儀が挙げられます。その会場となった大極殿や紫宸殿《ししんでん》の前に広がる、四方を囲われた平坦地・大庭は権威の象徴でもありました。立ち並ぶ旗が揺らめくなかで、貴族たちが整然と参列する様は壮観であったことでしょう。紫宸殿の南庭《だんてい》（大庭）［写真1－1］は、昭和天皇の代まで用いられ、記憶に新しい令和元年の即位の儀は、東京の皇居宮殿と坪で行われました。雨天で庭が利用されなかったのは個人的には残念でした。

動的な使い方については、平安時代の宮廷や公家の行事を忠実に描いた《年中行事絵

[写真１－１]　紫宸殿の南庭（大庭）
大庭には「静」と「動」の二面性がありました。代表的な「静」の儀式としては、天皇即位の儀があげられます。それは大極殿や紫宸殿の大庭で簡素かつ厳粛に行われました。また同様に、天皇の即位後はじめて収穫された穀物を神々に奉る大嘗祭については大極殿の大庭で行われました。

巻》から「鶏合《とりあわせ》」の様子を紹介します［図1-1］。これは、現代でも一部の地域で行われている闘鶏の古いかたちです。大庭の中央では、東西に向き合う二羽の鶏の傍らに介添えの武官が一人ずつ座っています。寝殿のなかからは当主と客たちが闘鶏を観覧しています。ここで注目したいのは、大庭が色とりどりのテント状の工作物二棟によって三分割されているところです。この工作物は「幄舎《あくしゃ》」と呼ばれていたもので、大庭の中央を避けた左右寄りに建ち、その周囲には当主や客から裏方の動きが見えないように幕を張っています。

さらに細かくみていくと、左側の幄舎の外寄りに鶏を抱えた人と籠が描かれているところから、そこが鶏合の準備所であることがわかります。大庭に植えられた松と柳の木に次の出番を控える鶏がつながれた様子まで描写しているところに、《年中行事絵巻》の精緻さがみてとれます。

右側の幄舎は、そのなかで童子が勝どきと合わせて行われる舞の準備をしていることからみると、楽屋のようです。幄舎の内寄りに並んで座る人々は、落ち着いて大庭の中央を眺めているところからみて、寝殿のなかに入るだけの位階がない臣下たちとみられます。鶏合にともなって大庭は、幄舎と幕を使って、左側から準備所、控所（幄舎）、観覧所、会場、もう一方の観覧所、楽屋兼控所（幄舎）などのように仕切られていました。

このように何の変哲もない平坦地である大庭は、幄舎を置き、幕を引くことで変幻自在な区画割りを可能としていたのです。逆にいうと、多様な行事に対応するためにも、常設物のない平坦地であったほうが都合がよかったといえます。

坪

住まいに光と風を取りいれる「坪」は、電気照明や空調のない時代において、日常生活の場に快適さと季節感をあたえる重要な意味をもっていました。また坪は、寝殿に付属する対屋《たいのや》とあわせて、食事や飲酒、出産や元服、婚礼、祝賀、葬儀など人生にかかわる私的な儀式や行事などの舞台となりました。さらには歌合《うたあわせ》などの物合《ものあわせ》（二組に分かれて物を比べ、優劣を競う遊戯）、双六、囲碁などといった遊びでも使われました。

坪のなかにはさまざまな草木が植えられていましたが、大庭と同様、催事の支障とならないように建築や渡廊《わたりろう》の周りにかぎられました。そのような庭の周囲に配された植栽や草花の植え込み（前栽《せんざい》）は、物合の題材ともなりました。建築と坪は、行き来できることが前提だったので、庭と建築の接点には階段が備え付けられました。

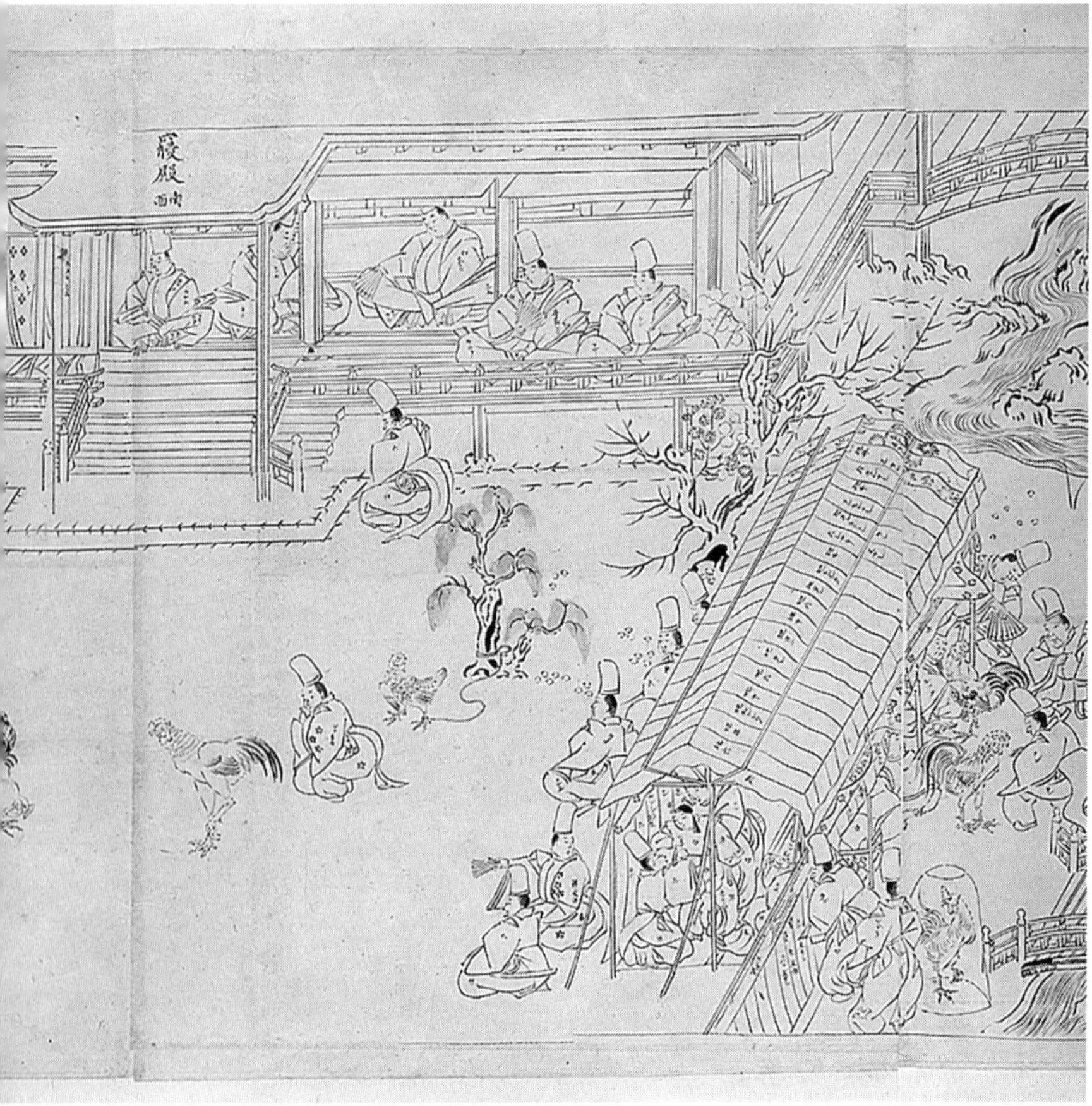
寝殿
南面

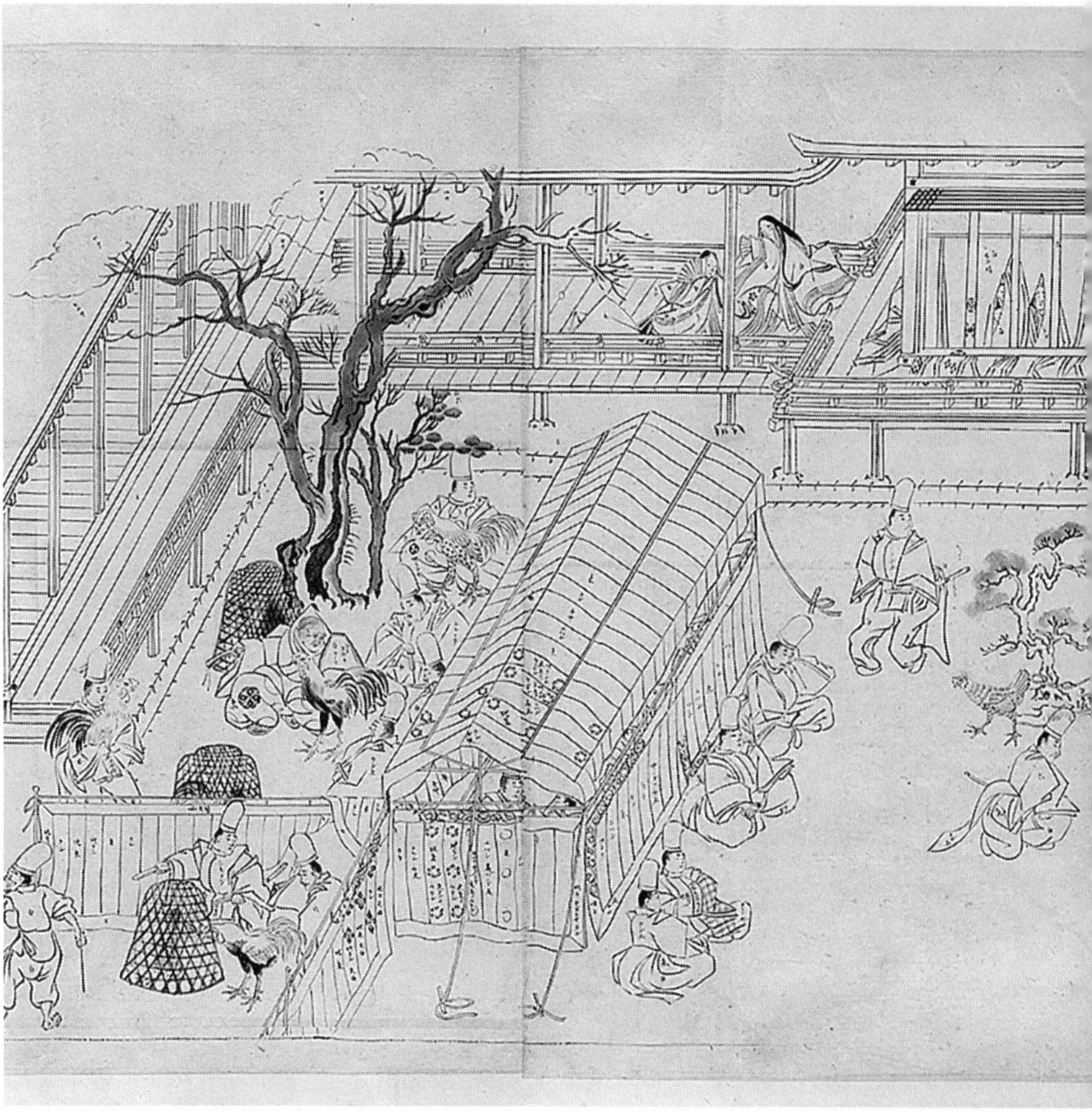

［図１－１］　大庭の鶏合

大庭の中央で、鶏を闘わせる競技である鶏合が行われている状況が描かれています。主人と来客らは、寝殿のなかから勝負を眺めており、大庭上には数多くの競技への参加者らがいます。大庭の中央を競技場とし、その左右に幄舎《あくしゃ》を仮設して参加者の控室としています。また幄舎は、競技場と各陣営の領域を区分する役割も担っていました。競技が終了次第、幄舎は次の行事に備えて片付けられました。

いわば住まいのなかの余地といえる「屋戸」も、寝殿造住宅（平安時代以来の貴族の屋敷）におけるその役割は意外にも大きく、奥行きと広さを活かして「動」の行事のために使われました。たとえばそのひとつとして蹴鞠《けまり》があります。これは、数人が一組となって鹿革製の鞠を一定の高さまで蹴りあげて、下に落とさないようにしながら交互に蹴り回す遊技のことで、現代でいうところのサッカーで複数人が行うリフティングのようなものです。《年中行事絵巻》では貴族たちが屋戸で蹴鞠を楽しんでいる様子が描かれています［図１－２］。ちなみに毎年四月十四日と七月七日に奉納されている白峯神宮（京都市上京区）の蹴鞠の会場は、その社殿の大庭です。

また、『源氏物語』に記述されている光源氏の六条院は想像上の住宅ですが、その西端の屋戸は馬場として用いられたといいます。現代でも馬場は、毎年五月五日に藤森神社（京都市伏見区）境内の屋戸で行われている駈馬《かけうま》神事（同神社の氏子が数々の曲芸的な馬術を神事として奉納する）の会場などとしてみることができます。

今日、リフティングは公園やグラウンドで行い、馬場は競馬場や神社の境内に設けられていますが、平安時代の寝殿造住宅のなかには蹴鞠や競馬《くらべうま》ができるほど広い屋戸もありました。なお、屋戸の外観がどのようなものであったのかといえば、《年中行事絵巻》では比較的自由に樹木が植えられ、景石（庭内の見映えに配慮して据えられた大振りの石）や小さな丘のある風景として描かれています。

島

園池に中嶋を浮かべ、周囲に築山《つきやま》を施した「島」（＝庭園）は、現代でいえば庭の花形ですが、平安時代では大庭を補助する役割のものでした。それ自体の利用については、寝殿や釣殿《つりどの》（池に張り出した小建築）からその眺望を楽しんだという程度のことしかわかっていません。それは、当時の島が大庭や坪ほど着目されておらず、記録に残すほどの意味が薄かったからであるとみられます。

寝殿造住宅に設けられた島が、大庭や坪を使った催事の背景や演奏場として用いられていたことは確実です。『御堂関白記』の寛弘三年三月四日の条では、現在の花見の起源とされる花宴《はなのえん》について記されています。それによると大庭だけではなく、遣水《やりみず》に架かる橋上（高渡殿）や池の中嶋にも座席がつくられていました。飲食が進んだ後には大庭で演舞

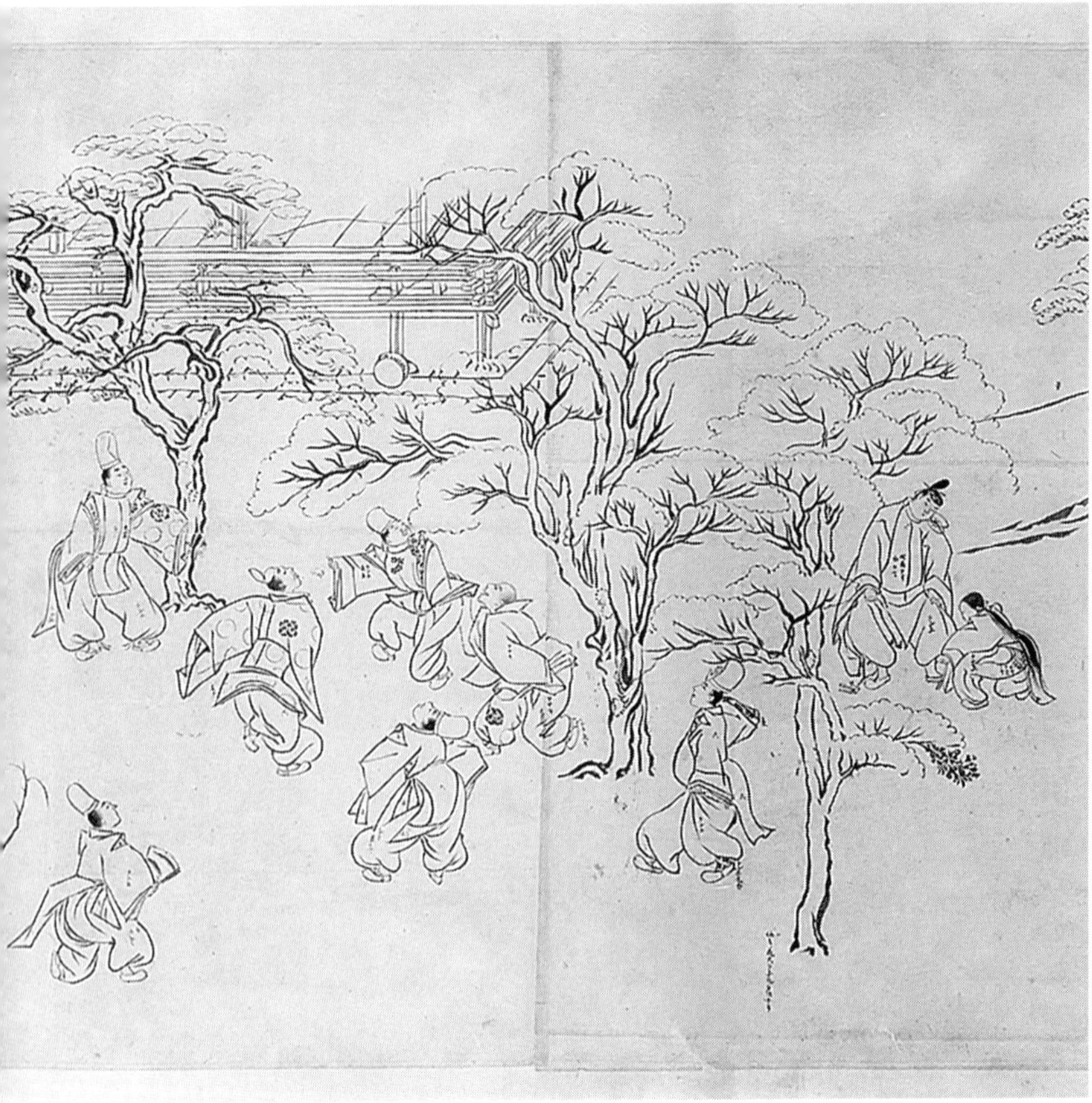

［図Ⅰ－2］　屋戸の蹴鞠

蹴鞠とは、数人が一組となって鹿革製の鞠を一定の高さまで蹴りあげ落とさないようにしながら、交互に蹴り回す遊技で、サッカーのリフティングに似ています。《年中行事絵巻》には屋戸とみられる敷地で貴族たちが蹴鞠を楽しんでいる様子が描かれています。

が行われ、島の池に浮かぶ龍頭鷁首《りゅうとうげきしゅ》の舟（先端に龍の頭や鳥の首の彫刻を飾った舟）からは演奏が披露されました。

想像の範囲を出ませんが、島は舟遊びや散歩などにも使われていたとみられます。平安京に都が遷る以前、その土地一帯には地形の起伏にまかせて大小の川や泉などがあり、草木が生い茂っていたようです。都の造営にともなって、自然味あふれた盆地の平野部には碁盤目状の道路が引かれ、方形の宅地ができました。当初それらの宅地のなかには小さな丘や林、泉が残されているところがあり、そのような自然の産物が島づくりにおける格好の材料となりました。島への給水は、天然の川や泉のわき水を用いたりするなど自然の立地による制約をうけていたとみられます。つまり島の存続も、川の氾濫や泉の枯渇の影響を受けていたのです。

このように四区分の庭は、それぞれ立地に見合った役割をもっており、日常生活における実用に合わせて使い分けられていました。その点が、庭といえば観賞用であると思いがちな現代との大きなちがいであり、すぐには共感しづらいところでもあります。

2　変幻自在な住まいと庭

平安時代における大庭の使い方の特徴は、ことあるごとに工作物が取り替えられることで変幻自在な装いとなることでした。それは室内を調度品で整えたり飾りつけたりする「室礼《しつらい》」と関係しています。現代でいえばインテリアコーディネートのようなものです。平安貴族は細やかな時間の変化を意識するために、季節ごとに行う儀式とあわせて、頻繁に室内の調度品を入れ替えました。そのような室内飾りの流動性とあわせて、庭へ置かれる仕切りや工作物もその都度入れ替えられることになりました。同様に大庭の中央付近に工作物を常設したり樹木を植えたりしなかったのも、実用上の理由だったのです。

このように住まいの装飾を替えて季節感を出すことは現代でもよくなされています。たとえば私は業務で茶道の家元のお宅を訪れることがあるのですが、六月から秋までの間には襖《ふすま》が夏用の簾戸《すど》（竹や葭《よし》を材料とした障子）に入れ替えられており、涼やかで光の通りがよく、季節感が得られます。そして秋の訪れを感じる時候になると、再び襖に戻されます。平安貴族による室礼と庭の工作物への配慮は、現代とは比べものにならないほど多彩かつ繊細なものでしたが、現代の京町家で「建具替え」と呼ばれているこのような行為も平安時代から続く室礼の伝統を踏んでいるといえます。

寝殿造住宅をみると、その典型的といわれる構成は、方形もしくは長方形の宅地の中心に主人の居所かつ公的な行事のための寝殿があるというものでした［図1―3］。原則的に寝殿は南を正面として、その前方に大庭、さらに南奥に島が位置したと推定されています。

寝殿のまわりには対屋（北の対、東の対、西の対）という付属の建物があり、それぞれが廊下（渡廊）でつながっていました。対屋は最多で寝殿の前面をのぞく三方向に配されました。寝殿の正面に対屋が設けられない理由は、大庭を置く必要があったからにほかなりません。なお対屋の棟数は、住人の数や住まいの規模に応じて増減しました。そして寝殿と対屋をつなぐ廊下の中間にできた方形の区画、それが坪でした。平安時代からそのままの姿で残る寝殿造住宅はありません（このように完全な構成は未だに発掘調査でも検出されていません）。ただし、《鳥獣人物戯画》を所蔵することで知られる栂尾高山寺（京都市右京区）の国宝・石水院や、宇治上神社（京都府宇治市）の国宝・本殿にその特徴をみることができます。また、寝殿と大庭の南奥に島を設けたとされる寝殿造住宅の実像は、勧修寺《かじゅうじ》（京都市山科区）の境内の構成が――大庭は芝地となり境界に草木が植わっているため、想像力を要しますが――ひとつの参考となります［図1―4］。

現代の和風建築の内部は、壁や窓、戸、襖などでいくつもの部屋がつくられていますが、寝殿造住宅の室内は、塗籠《ぬりごめ》と呼ばれる物置をのぞいては壁がない、柱だけのがらんどう状態でした［図1―5・写真1―2・写真1―3］。そのような屋根と骨組みしかない建物の外装には、格子《こうし》、妻戸《つまど》、御簾《みす》が備え付けられ、室内は衝立障子《ついたてしょうじ》、几帳《きちょう》などで大まかに間仕切られました。さらに居住まいにあわせて、屛風で細く区画され、棚などの調度品や畳・茵《しとね》といった座るための敷物などが置かれていました。

このような庭と建物のあり方は、儀礼を重んじる貴族生活に適した住まいのかたちが定まった、平安時代の中頃に整えられていきました。政務では、寝殿に入るさいの参列や待機、官位が授けられるときなどに大庭が、住人が日常の催しや遊び、作業などに使う自由な領域として坪や屋戸が用いられました。いずれの庭にも草木が植えられていたものの、室内と同様、行事ごとに仮設する幕やテントは置き替えられました。そのように面倒なことをしていたのも、結局のところかれらが住まいを快適にするのとともに、多様な行事や催しを繰り返すことによって、生活のなかに抑揚と緊張感を生み出していたからです。

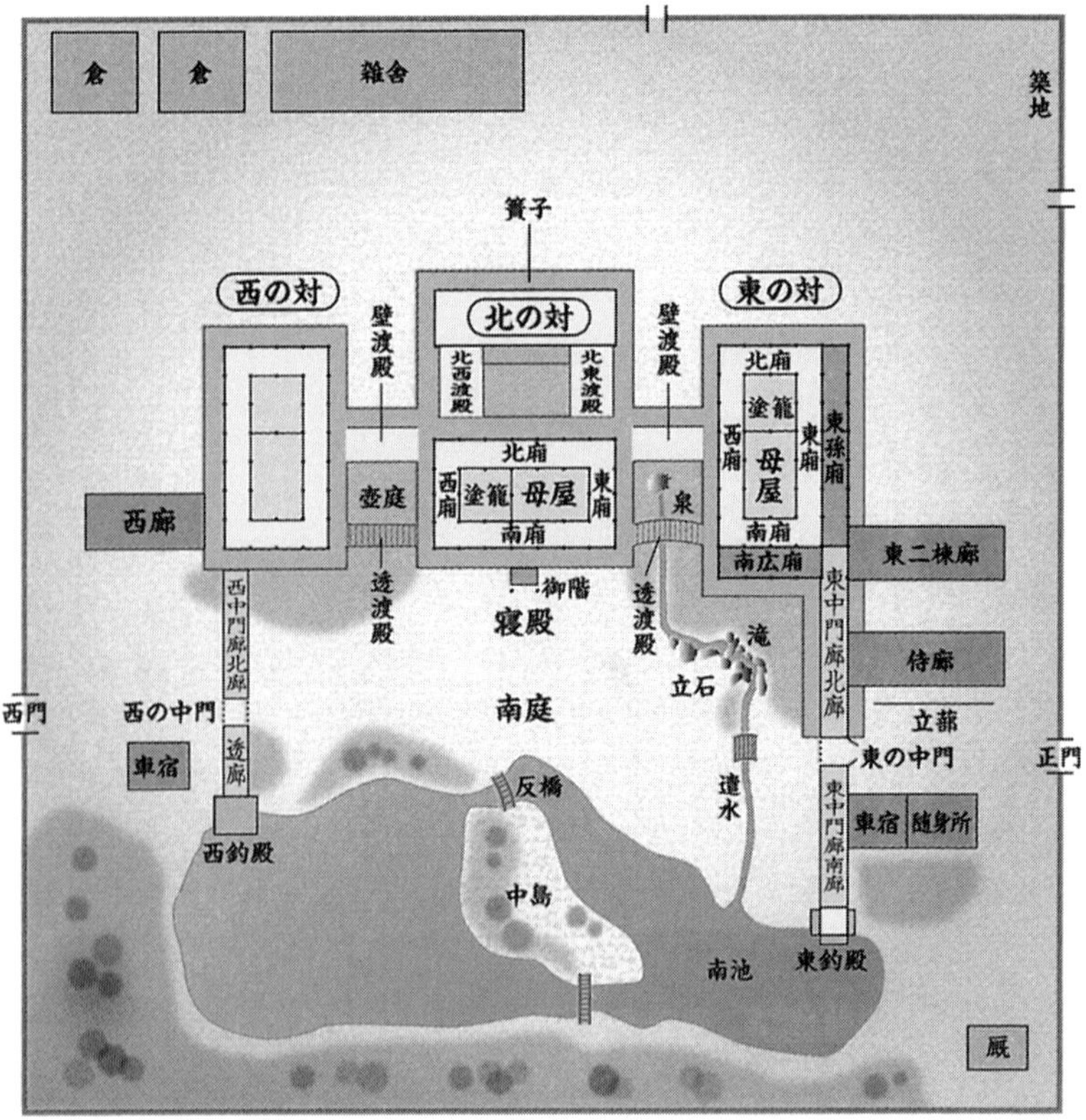

［図Ｉ－３］　寝殿造住宅の復元平面図

寝殿造住宅の敷地全体が完全なかたちで発掘されたことはないので、この図は、あくまで過去の絵図などを参考とした想像図です。そのうえで、寝殿造住宅の典型とされる構成をみると、おおまかに南側（図の下方）が公的、北側（図の上方）が私的な土地として区分けされていました。亭主である夫婦の居所であり、儀式に用いられた寝殿と大庭（南庭）は、敷地の中心に配され、その東・西・北側には、子たちが住まう対屋（東・西・北の対）が建てられました。廊下（透渡殿）でつながるそれら建物の間には、私的な行事や遊びなどを行う坪（壺）があります。坪に接して設けられた室（壁渡殿）は、女房の居室となりました。住宅の敷地への出入りには、主に東側の正門と西門を用い、正門側には使用人や警護に当たる者たちの詰所として侍廊《さぶらいろう》や随身所、車庫（車宿）が備え付けられていました。原則として中嶋（中島）や池を築いた島は、大庭の南側に設けられます。敷地を囲う塀と寝殿、対屋の間にとられた余地が屋戸であり、倉や雑舎などが置かれました。

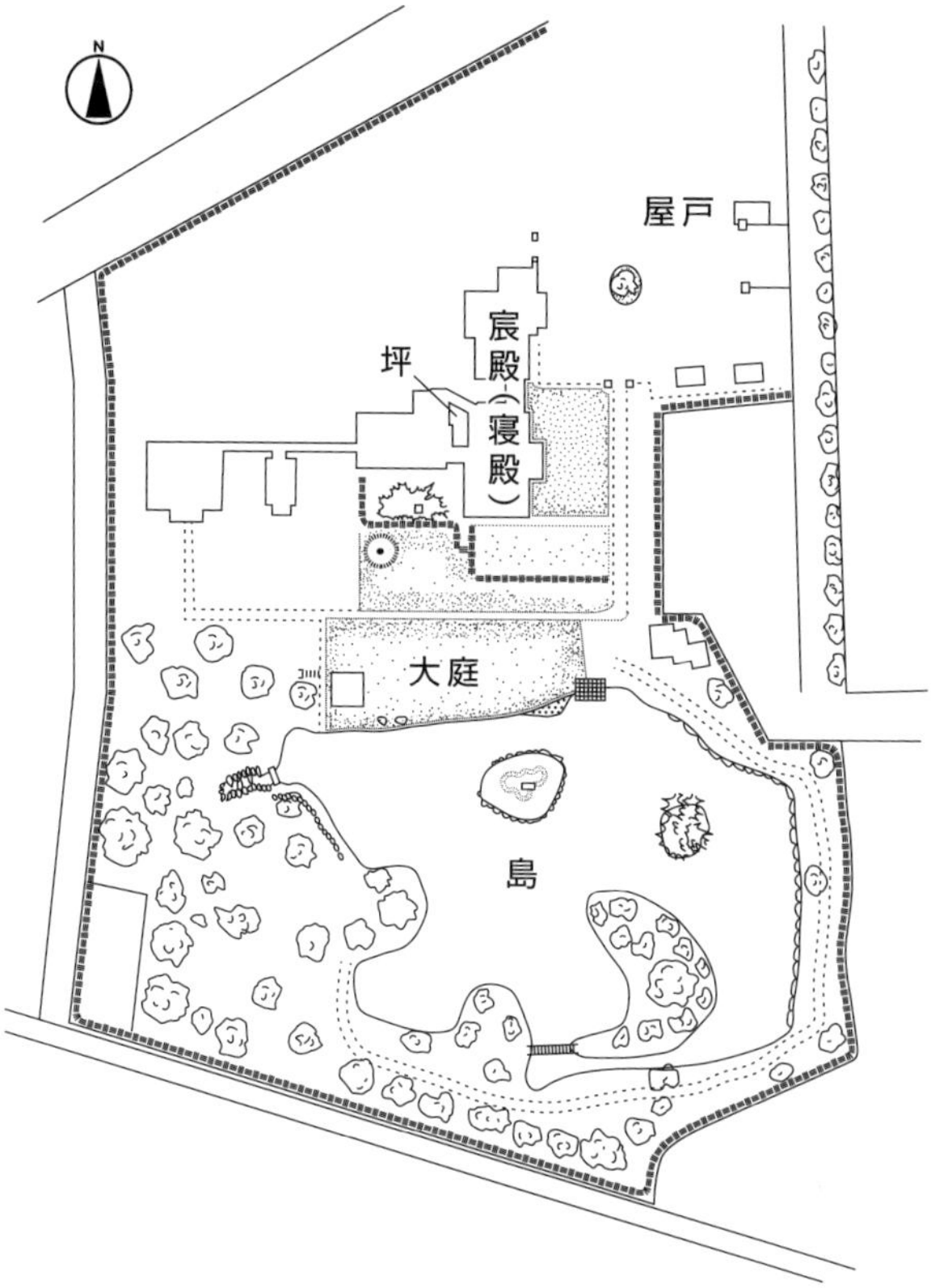

［図Ｉ－４］　勧修寺の庭

平安時代以来、そのままのかたちで継承されてきた寝殿造住宅というものは存在しません。そのなかで勧修寺の境内は、（寝殿と見立てられる）書院を中心とした建築群のなかに坪があり、その正面南側には平坦地（大庭）、さらにその奥に池庭（島）があるという配置構成が、方位も含めて、典型的といわれる寝殿造住宅の姿と重なります。ただし現状では、大庭に樹木が植えられ、書院に隣接する宸殿（寝殿）の階段が東側に備わっているなどの関係で、実際に境内を歩いてみても寝殿造住宅の構成を実感しにくいかもしれません。そこで勧修寺境内と、典型的とされる寝殿造住宅の平面図［図Ｉ－３］とを見比べてみると、双方の類似がよくわかります。

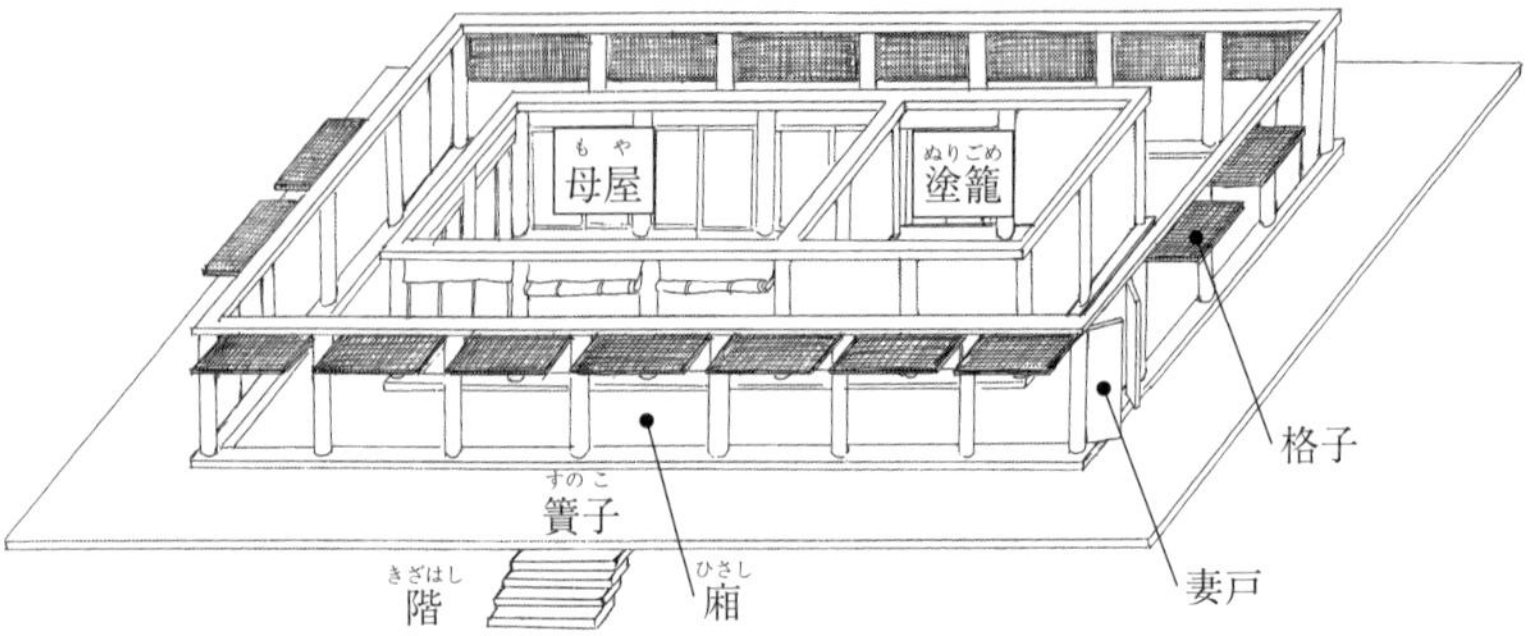

［図Ⅰ－5］　寝殿造住宅の内部の模式図

現代の和風建築の内部は、壁や窓、戸、襖などでいくつにも仕切られているのに対して、寝殿造住宅の建築は、寝所以外ががらんどう状態で、壁があるのは塗籠だけでした。それは技術水準の未熟さによるものだけではなく、催事にあわせて建物の室礼と庭の工作物を取りかえようとする意識に結びついていたのです。寝殿には、階（階段）を使って大庭より入室します。室内は、外回りから内側に向かって簀子、廂、母屋と区分けされます。中央の母屋は主人の居所で、外側にいくほど位が低い人の座席あるいは形式張らない領域となりました。いわば体育館のように中空の室内は、そのままの状態では居心地に難があるので、用途におうじて簾や障子で大まかに仕切られ、さらに居住まいにあわせて、屏風や、衝立障子で細かく区画されました。同様にこの頃の庭もつくりは単純で、催しが行われるたびに仕切りのための工作物が置き換えられました。それは、現代の小学校の入学式や運動会などで、会場とその周りを幕で仕切って飾りつけたり、クラスの催しで教室の壁や廊下などに、さまざまな掲示や飾りを付けたりすることなどに通じています。

［写真Ⅰ－2］　母屋の室礼（居住まい）
室内は板敷きであるため、座る所には畳（写真中央）などの敷物が置かれました。柱間にはめ込まれているのは、押障子です。画面の奥は屏風、右側は几帳（薄絹による間仕切り）で飾り付けられています。左には、御帳台《みちょうだい》と呼ばれる寝所が備わっています。

［写真Ⅰ－3］　塗籠の室礼（収納）
唐櫃《からびつ》と呼ばれる脚付きの収納箱が並んで置かれています。中央右寄りにある丈の低い箱は、衣櫃《きぬびつ》とみられます。画面奥の左手には着物が掛けられ、その右下には道具を収める厨子棚《ずしだな》があります。

3　庭の「ハレ」と「ケ」

平安貴族は、国政の中心地である都市・平安京内で寝起きし、現代でいうところの中央官庁が集まる大内裏（平安宮）への通勤を繰り返していました。みなで社宅住まいといえるような生活を送っていたため、おのずと公私の区別はつきにくい状況にありました。そこでかれらには日常生活での「ハレ」と「ケ」、つまりは公私を分けることが求められ、その影響は庭の使い方にまでもおよびました。

「ハレ」と「ケ」による庭の使い方のちがいを《年中行事絵巻》の「朝覲行幸《ちょうきんぎょうこう》」を描いた二つの場面を通してみていきましょう［図Ⅰ―6・図Ⅰ―7］。朝覲行幸とは、上皇と上皇后の邸宅（院御所）へ天皇が年始の挨拶をする一連の行事です。

まず一つ目の場面は、一月一日に、このときの院御所であった法住寺殿の中心建物（寝殿）の前面にある広場（大庭）で、院司と呼ばれた役人が天皇の到着の知らせを上皇へ伝えて、戻るところです。ここでは、寝殿前面の広場中央に笏《しゃく》（貴族が正服を着ているさい、立ち振る舞いに威厳を出すためにもつ細長い板）を手にする役人がぽつんと立っています。庭の周囲には花をつけた紅梅や松、檜などの樹木がまばらに生え、手前には反り橋がかかった池が描かれています。池の中嶋にはテントのような工作物（図中右下）が建てられています。

月日と場所を同じくして次の場面は、天皇と上皇、摂政や公卿といった高級貴族、さらには位階の下がる役人たちが、平坦な広場の中央付近で行われている音楽付きの演舞を鑑賞しているところです。寝殿の中心部には天皇と上皇、その庭側の一画には摂政や公卿、寝殿の階段の横に役人、舞人のまわりには警護の者たちが座っています。また池上に浮かぶのは楽団が乗った舟です。

一つ目の場面は行幸前の風景を描いており、寝殿前の大庭は通路として扱われています。二つ目の場面は儀式中の様子であり、一つ目と同じ場所が宴会の舞台となっています。つまりは一つ目の場面が「ケ」、その後につづく二つ目の場面が「ハレ」の状況をそれぞれ表していることになります。

このように「ハレ」と「ケ」は、時と場合によって変化していきます。場所の意味合いがその時々で変わることは、現代の日常生活でもよくみられることです。たとえば学校や職場では、そこが余地でありながら自由に振る舞うことができない土地でも、昼休みや就業後であれば遊びやさまざまな活動のために利用できる場合があります。ただし時間に応

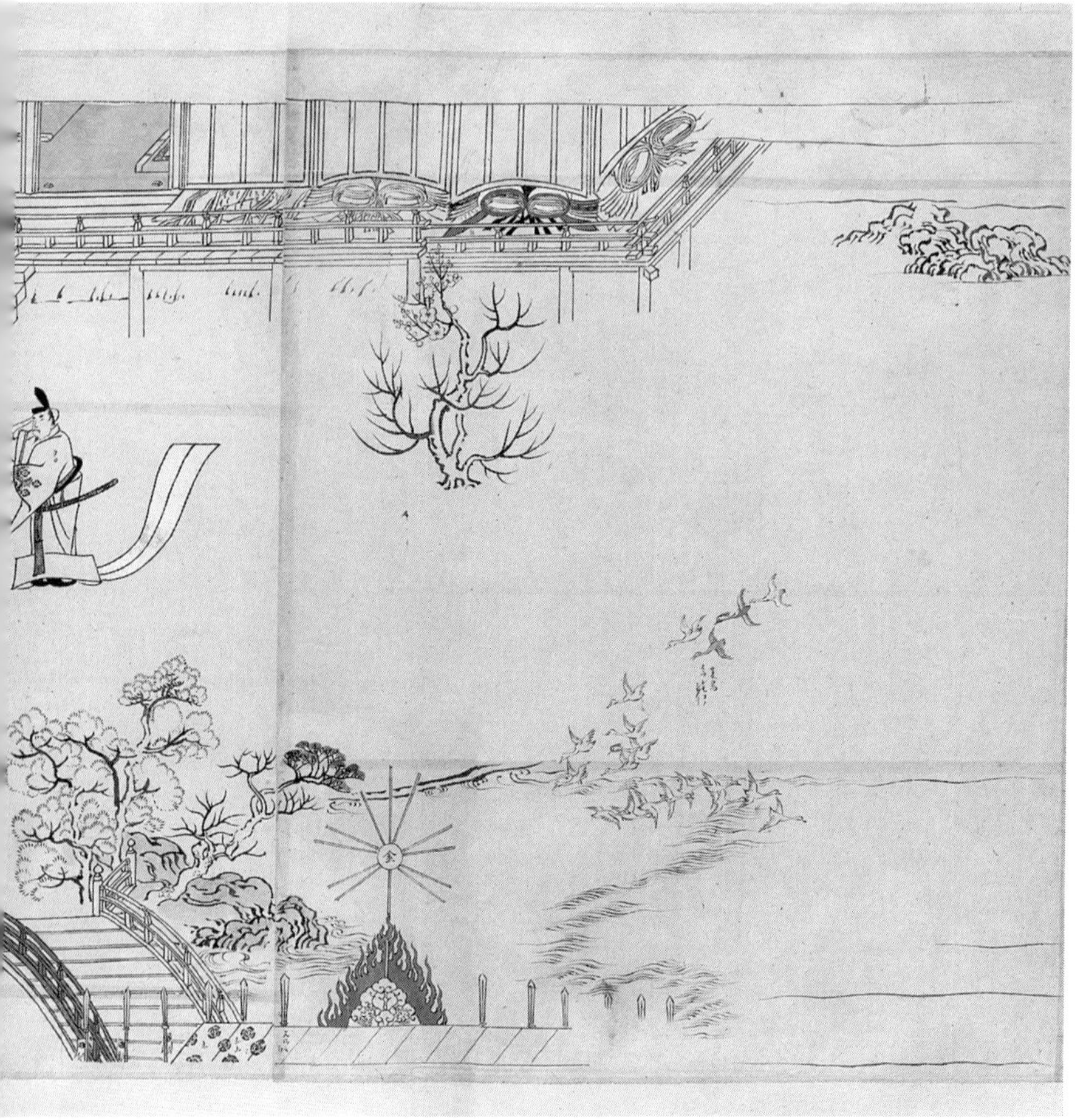

［図Ⅰ－6］　朝覲行幸の儀式前の大庭

《年中行事絵巻》の「朝覲行幸」には、後白河上皇の院御所であった法住寺殿・南殿の寝殿の大庭の様子が描かれています。大庭の中央で笏を手にもつ役人（院司）は、上皇へ天皇の到着を知らせるため、寝殿に参じ、図の右方にある東中門廊から退出しようとしています。大庭は、儀式のための会場であるとともに、寝殿への正面入口でもあるため、通路と待合スペースとしての意味をもっていました。この寝殿と大庭の使われ方は、現代でも京都御所の紫宸殿と南庭にみられます。また、たとえば西本願寺の阿弥陀堂と大庭［写真3－4］にみられるような、大きな寺院の本堂あるいは神社の神殿の正面の庭などでも、同様の関係をみることができます。

［図Ⅰ－7］　朝覲行幸の儀式中の大庭

本図は、［図Ⅰ－6］ と同じ場所です。天皇が法住寺殿・南殿に到着し、上皇と面会して、寝殿と大庭で舞楽をともなう宴が行われている場面が描かれています。絵からは読み取りにくいのですが、天皇と上皇は寝殿の中央に隣り合って座っています。かれらの周囲には摂政や公卿が取り巻き、寝殿に近い大庭では、位階の低い者たちが板敷の上に座ります。大庭の中央に立つ舞人の左右には、数人の衛府の武官らが控えます。島の池中には龍頭鷁首《りゅうとうげきしゅ》の舟が描かれています。池のなかほどあたりには、欄干のついた反り橋が架けられ中嶋へ渡ることができます。中嶋には楽団の楽屋として幄舎が建てられ（屋根しか見えませんが）、その前方に舞楽で用いられる太鼓（大太鼓《だだいこ》）の頂点に付けられた飾り（火焔形《かえんがた》）が見て取れます。

じた庭の変化は、何か行為が行われている、まさにそのときに立ち会わなければ、経験することができません。

たとえば私は、防災設備工事の立ち会いで妙心寺（京都市右京区）へ行ったさいに偶然行われていた大きな法要を見て、その一端を知ることができました。同僚らと法堂《はっとう》と呼ばれる建築の裏で待機をしていたところ、鐘楼《しょうろう》の鐘の音が聞こえてきました。しばらくすると、境内にある末寺（塔頭《たっちゅう》）から多くの僧侶が集まってきて、履物を履き替えて建築内に入っていきます。後になって気付きましたが、そのとき、法堂の周囲は幕で飾り付けられていました。普段、観光などで立ち寄っても、寺院の境内は特別な行事もなく、ひっそりとしているかもしれませんが、時と場合によって大きく様相を変えるのです。

現代のように精巧な時計があるわけでもない平安時代において、細やかな時間の移り変わりを把握することは困難でした。そのような事情もあって平安時代では、定期的な国の政務や儀式と年中行事が一体化していたとみられ、その舞台として重用されていたのが庭だったのです。ただし当時の庭の使い方は、現代の生活とちがいがありすぎて、単純に理解することができません。しかし、たとえば小学校の運動場が、日常（ケ）では朝礼や体育の授業で用いられつつ、運動会や競技会のとき（ハレ）には装いを変えることを想像すれば、少しは現代の生活とかけ離れたものではないことがおわかりいただけるのではないでしょうか。なお、本書では、ハレとケを、公と私、日常と非日常といった重なった意味（両義性）をもつものと考えています。

4　息づまりからくる息ぬきの願望

平安時代も二五〇年以上を過ぎて成熟が進んだ都は、対人関係や土地利用が複雑化し、住みづらいところとなっていました。貴族たちは富に満ちていた一方で、争いごとや窃盗、放火などが度々起きるなど、生活のうえで不安を抱かざるをえない世情の乱れに直面していました。

また永承七年（一〇五二）は、釈迦の没後二〇〇一年目のいわゆる「末法の世」の始まりとされ、仏の教えだけは残る一方で修行も悟りもない時代がつづくと信じられていました。すでに平安時代の半ばにはそのような救いのない時代に入っており、さらにこの頃に頻発していた天災へのおそれなどから、貴族は仏教を深く信仰するようになりました。平安時代の前期には、現世の病気や災難を払うため仏に祈る「密教」が重んじられましたが、次第に、阿弥陀仏を拝して死後の極楽往生を願う「浄土教」が信仰されていきました。その意図が死後の安楽をもとめてのことであったように、平安貴族にとって都は、もはや現実逃避をしたくなるような、息がつまる世界となっていたようです。

経済的に恵まれた天皇家や貴族の間では、一時的にでも都と距離を置きたいという思いと仏教への信仰があいまって、現在の京都の岡崎や嵐山、嵯峨、桂、さらには宇治などといった郊外に離宮・別業《べつごう》（貴族の別荘）をもつことが流行しました。このことは、桓武天皇が平安京に都を遷すさいに、政治と仏教との交わりを分離するため、都のなかに官寺（東寺・西寺）以外の寺院建設を原則的に禁じたことも影響していました。また、都では住まいづくりの制約や規制が厳しかったのに対して、郊外では比較的自由に庭や建築をつくることができ、大自然を取り込めたことにも一因があるでしょう。

それらの離宮・別業では、阿弥陀仏をおさめる建築（仏堂）が好んで建てられました。浄土教の影響をうけた芸術は、《阿弥陀浄土曼荼羅図》にみられるように視覚的な世界観をもっており、仏堂の内部もきらびやかに装飾され、壁面には阿弥陀如来や諸仏が描かれました。その影響は庭へも広がり、「仏堂前庭《ぶつどうまえにわ》」の成立につながります。それは一般的に「浄土庭園」と呼ばれますが、実態としては大庭と島の組み合わせからなるものです。現存するもっとも代表的な仏堂前庭は、十円玉の表側に刻まれた絵柄でも知られる国宝・平等院鳳凰堂（京都府宇治市）の庭です。

仏堂前庭とは、「阿弥陀経」で極楽浄土にあるとされる「七宝《しっぽう》の池」の実体化を目指したといわれるもので、西方浄土と見たてて仏堂を西側に、池を東側に配置することが理想とされていました。つまり仏堂の前面に築かれた庭という意味で、仏堂前庭と呼ばれたわけです。そのつくりは寝殿造住宅の発展形といえるもので、寝殿は仏堂に代わり、儀式を行う必要性が薄いために大庭の奥行きは狭まることになりました。さらに、仏堂に見合った七宝の池の雰囲気を出すために島が拡張されます。また、島の池に州浜《すはま》の護岸や岩嶋（一石あるいは複数の石で組まれた嶋）が備えられているという点も共通していました。

広大な島が築かれた離宮や別業の実物のスケール感は、嵯峨天皇が平安時代の初期に築いた離宮跡である大覚寺大沢池（京都市右京区）にみることができます。私は、改修や台風被害への対応などで大覚寺を訪れる度に、広大な大沢池の北側の中央あたりに残されている州浜と岩嶋を見ては、平安時代の島の雰囲気に思いを馳せてきました。余談ではありますが、この名庭も最近では蓮や水草が繁茂して池の全体を覆うので、ともすれば護岸が見えなくなってしまうことがあります。お寺の僧侶や事務の方々が、月見の会などに向けて、その除去作業をなされているところを拝見した折には、名勝の景を維持されている所有者の尽力に頭が下がる思いでした。

また、築山の大きさについては、名神高速道路の京都南インターチェンジから南へ徒歩五分のところにある鳥羽離宮跡公園で、鳥羽離宮南殿の「秋ノ山」と呼ばれる築山遺構を見ることができます。

このように都の郊外につくられた離宮や別業の受け皿となった土地は、もともと遊猟のさいの休息所として使われていたところが多く、日常の政務や雑事からはなれて息ぬきをするのに適していました。そのあたりの感覚は、現在の政財界人が軽井沢や箱根、伊豆に別荘をもつこと、または世界各国からたくさんの人々が休暇を取って京都の寺社などを参観していることなどとも根が通じています。

平安貴族にとって庭は、季節や日常生活の節目ごとに行われる催事の受け皿として欠かせないものでした。その意味でいうと四区分の庭は「大庭」→「坪」→「屋戸」→「島」の順で公的かつ重要なものとみられていました。それらの大きさは、立地や必要性によってさまざまでしたが、大庭と坪は、行事での実用に堪えられるだけの十分な規模を必要としていました。

つまり平安時代の中期まで、庭の主役は大庭で、現代でもっとも脚光を浴びている島（庭園）は脇役であったといえます。また現代では、儀式や音楽・舞台の鑑賞、スポーツなどをしようとすれば、専用の施設や競技場あるいは公園などに出かけなければなりませんが、寝殿造住宅では生活のさまざまな事柄を庭で行うことが日常だったのです。

時の変化を感じにくい人工的な都市のなかで暮らす平安貴族たちは、季節の移り変わりに過剰なまでの関心を払っていました。その要求の帰結として、かれらは季節にあわせて建築の室礼や庭の工作物の取り合わせや配置を工夫し、それらとの「相互触発」のなかで、季節と時間の動きを体感できる状況を創出していたのです。

第2章

見映え重視のはじまり

平安後期〜安土・桃山時代

1　生活の効率化と書院造住宅の誕生

伝統的な和の住宅のかたちは、室町時代の早い時期からその原型がみられます。東福寺（京都市東山区）の通天橋は紅葉の絶景で知られますが、その山奥のほうには国宝・龍吟庵の方丈［図2―1］があります。東福寺の中心建物は明治十四年（一八八一）の火災をうけて失われ、その後、昭和九年（一九三四）までの間に建て直されました。火災を免れて現代に残る龍吟庵の方丈は、平屋の一棟建ちです。外周には縁側を回し、建て付けの障子と襖により六つの部屋に仕切って、一部を畳敷とします。一見したところ日本全国のどこででも見かけられるような古建築ですが、室町時代の早い時期に建てられた現存最古のものと知れば、国宝の指定をうけていることにもうなずけます。この龍吟庵の方丈にみられるような和の住宅のかたちを「書院造住宅」と呼びます。

思い返してみると「寝殿造住宅」は一棟に一部屋だけのつくりで、棟ごとに公と私、さらには位階や立場によって利用者が決められていました。また、多様な儀式や年中行事を行うためには、その度に衝立や屏風といった仮設の間仕切りを置き替え、複数の棟の間を

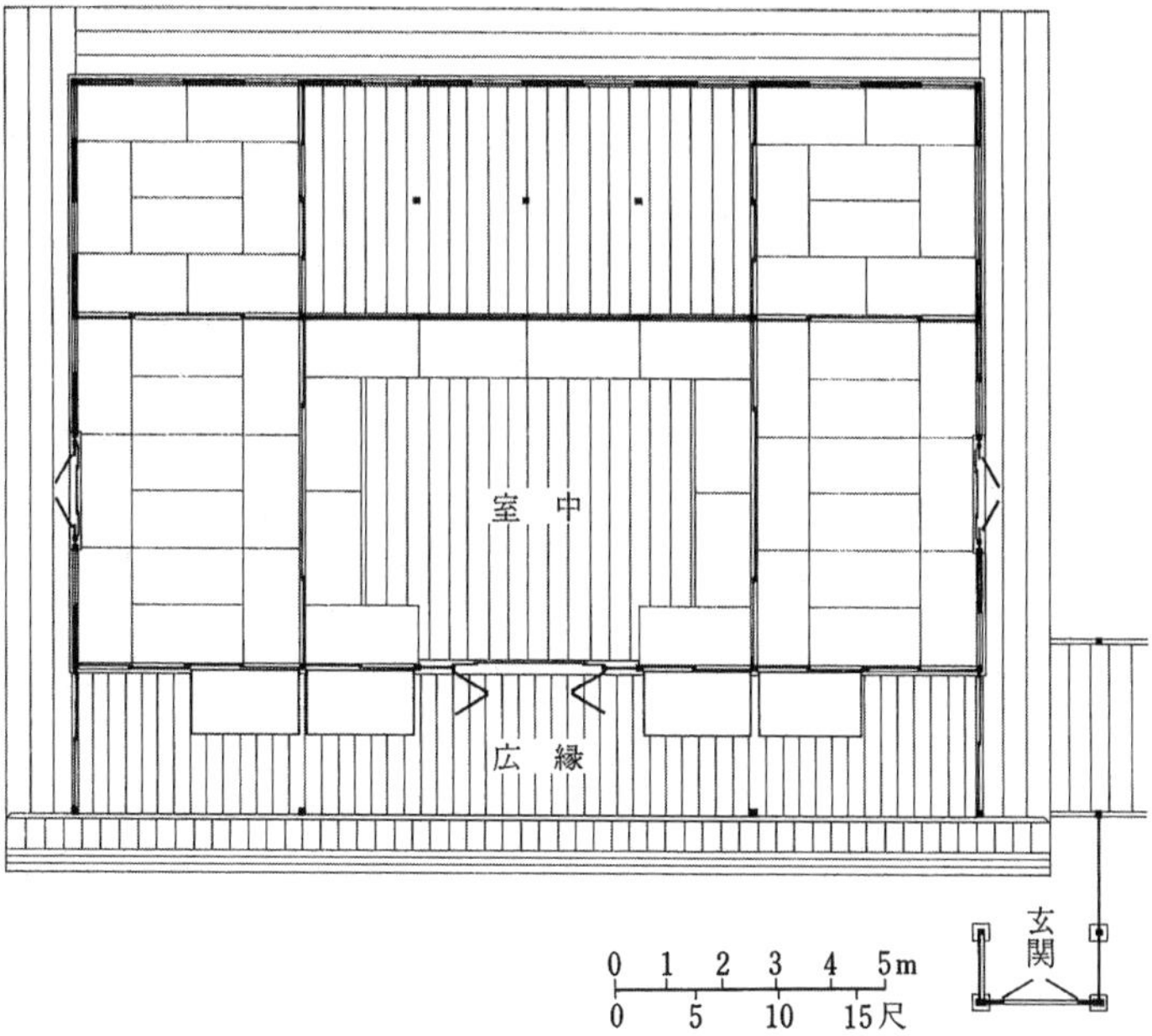

［図２－１］　龍吟庵の方丈

長方形をした建築は、南側に広縁と玄関をもち、内部が仕切られて六室に分割されています。中心の室が広く、全体に畳が敷かれておらず、中央の仕切りが壁になっているところが、後の時代につくられた方丈と異なる特徴です。

行き来したり、席の位置を定めたりする必要があったのです。現代でも、会議などのためには場所の移動や机の配置替えが求められますが、室礼《しつらい》をまるごと変えるのは手間がかかって仕方がありません。それが書院造住宅では、襖や障子といった間仕切りをはじめから建築に備え付けることで、一棟でも前面を公用、背面を私用として使い分けることができます。さらに間仕切りを取り外すことによって、六つの小間を何通りかの広間としても使えます。また、畳を床の全面に敷くことで座る場所も選びませんし、入念な準備をしなくとも急な来客に対応できます。つまり書院造住宅は、寝殿造住宅における室礼の自由度と引き換えに、定型的ではありますが、効率的な室内の利用を実現しているといえます。

この新しいつくりの住まいは、武士が台頭する平安時代の後期から発展してきたようです。その頃、都に住みはじめた武士は、貴族たちが育んだ文化と習慣にのっとって生活していました。戦国時代までの武士は、貴族の家柄を引き継ぎつつも領地の管理にいそしみ、ひとたび争いが起こると生死をかけて戦いに出向く必要がありました。そのような生活事情においては、貴族のように政治と年中行事だけに明け暮れているわけにいきません。さらに政治へも関与するようになった武士にとっては、ひんぱんに建築の間仕切りをやり替えるだけの余裕が、経済・時間の両面においてありませんでした。

たとえば室町時代の前期に成立し、江戸から明治時代のはじめにかけて、古典的な出来事を学ぶための教科書となった『庭訓往来《ていきんおうらい》』をみても、武士たちは宴を催すさいの室礼のための調度品などを、ほとんど貸し借りで済ましていたといいます。寝殿造住宅が皇族・貴族層での使い勝手を前提としたものだったこともあって、室礼の入れ替えは簡略化されていきました。

武士の台頭と庭の変革

武士が庭づくりへ積極的に関わるようになったのは、皇族・貴族が政治の実権を失った鎌倉時代以降でした。その頃には貴族らの経済力は衰えており、藤原定家は『明月記』のなかで、大飢饉のさいに邸宅内の庭を掘り返して小さな麦畑に変えたと記しています。ここから平安京内の貴族邸では、庭の体裁を維持できなくなっているところもあったことがわかります。後鳥羽上皇の院御所《いんのごしょ》のひとつであった押小路殿《おしこうじどの》は、室町時代に三回ほど改修されて、安土・桃山時代に埋没したことが発掘調査で確認されました。その島の景石は敷地内で移設され、池の素材や形状は、時期ごとにつくり替えられているというように、たとえ島が維持できていたとしても新たにはつくることができないため、何度も改修をしながら使い続けられていたのです。なお、時代の流行に応じて建築や島が破壊された場合は、結果的にその跡地が余地としての屋戸となって存続することになります。

貴族と武士を取り巻く経済の動きは、時代を通じて、庭と連動していきます。大庭は住まいの主要な建築に付随するものとして持続されながら、儀式の簡略化によって敷地を著しく縮めることになりました。また、書院造住宅の普及にともない、すべての建築どうしが廊下で接続されなくなったことによって、坪は発生の機会そのものを減らしていきます。

一方、書院造住宅が建設されると、同時に四面の庭が発生します。建築の正面は「大庭」で、残りの三面が何かといえば「屋戸」です。方丈や客殿などにともなう屋戸は、大きな催しが行われることもない小さな一画だったので、住まいにおける機能としては明かりと風を取り入れ、軽作業を行う程度のものとなりました。

また寝殿造住宅の表門は宅地の側面につくられていましたが、書院造住宅では、利便性の高い主建築の前面につくられることになりました。その影響により、もともと大庭を間に置いて主建築の前面に築かれていた島はその背面などにはじき出されてしまいました。それは島が公的な位置から私的な位置へと格下げされたことを意味しますが、かえって自由な利用がうながされるようになります。

石庭の誕生と大庭の弱小化

その一方で、表門まわりや大庭をもつ必要のない小規模な住まいでは、一棟の建築のまわりがすべて屋戸となって、余地を埋めるかのように前栽《せんざい》（庭先に植えられた草木）や石を据える枯山水が設けられました。そもそも枯山水とは、平安期の書物『作庭記』で記されているように「池もなく遣水《やりみず》もないところ」、つまりは漠然とした水がない庭のことを示します。現代では石や砂によって水の景を象徴的に表現した庭などをとくに枯山水と呼ぶ場合があります。それは枯山水の一種にはちがいないのですが、石を主体とした象徴的な庭を言い表すのであれば「石庭」と呼ぶほうが適切でしょう。

ところで石庭といえば、龍安寺（京都市右京区）［図2－2］や大徳寺大仙院（京都市北区）の方丈にともなうものがよく知られています。それらの代表的なものは、前者が大庭で、後者が屋戸です。現代にみられる大庭はたいがい砂利や苔敷きになっていますが、発掘調査の結果をみるかぎり、紫宸殿《ししんでん》の南庭《だんてい》など特別なものをのぞいて土敷きだったようです。

そのことは、ある禅宗寺院の、とある塔頭《たっちゅう》で現地立ち会いをしたさいに知ることができました。その立ち会いは、防災用の放水銃につながる水道管の設置予定ルートをたどる

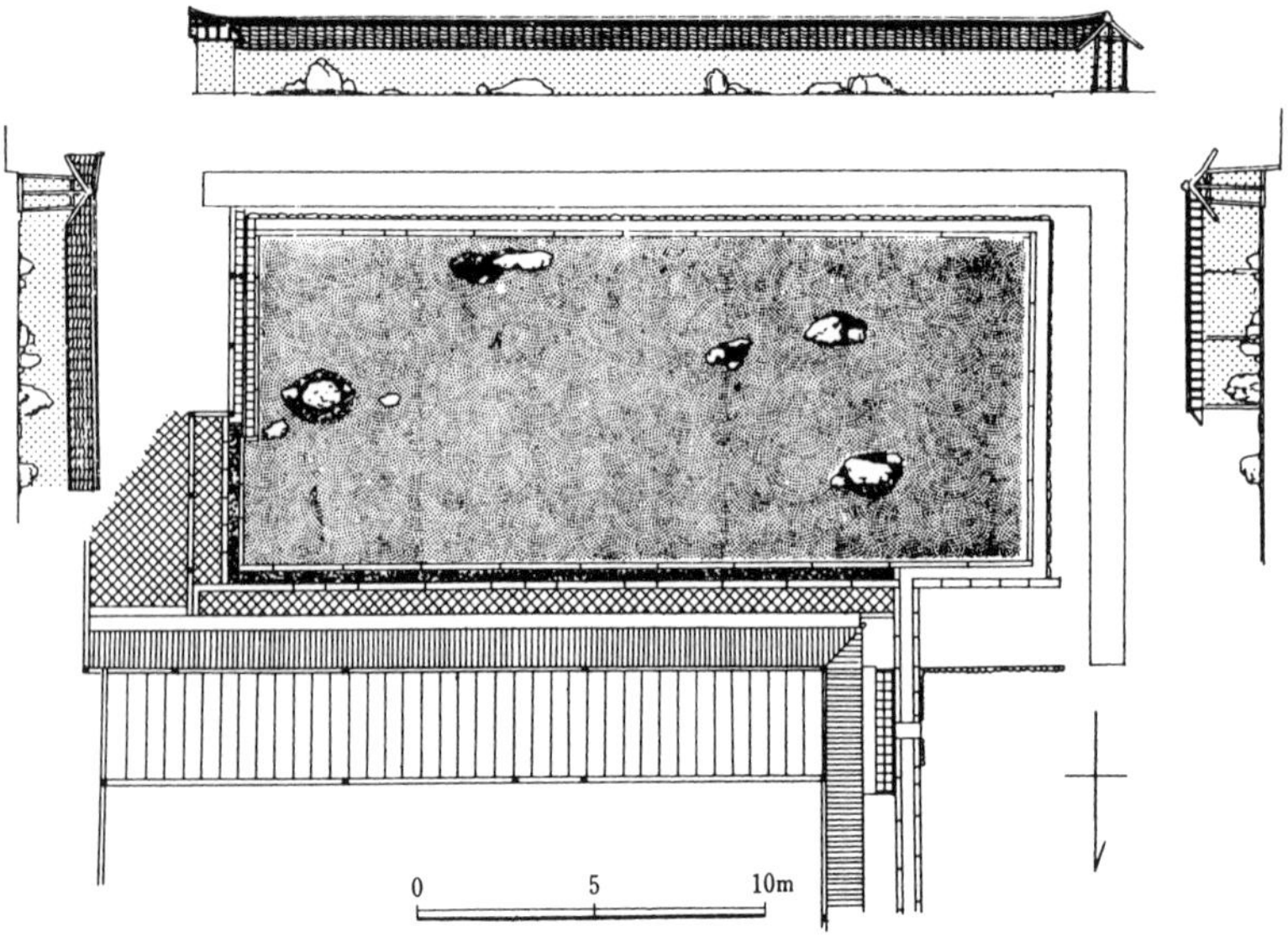

［図２－２］　龍安寺の石庭

あまり意識されていないかもしれませんが、禅宗（臨済宗）の大寺院における、江戸時代以前に築かれた方丈正面の大庭は、敷地の大半が平坦地となっています。南禅寺や妙心寺の方丈などでも、塀沿いに丈の低い築山とわずかに樹木があるだけです。そのような姿こそが一般的であって、龍安寺方丈のように、大庭の平坦部に景石が配されることは、異例中の異例でした。近代以降、白州（白砂敷き）とあれば大庭や坪、屋戸のどこもかしこも景石が据えられるようになりました。それらの庭は、四区分の庭の歴史からいえば、伝統を度外視しているといえます。

ためのものでした。ちょうど大庭の裏側を通りかかったときに、以前から気になっていたその使い方を住職さんへ問いかけてみたのです。すると、今では砂利を敷いているけれども、第二次世界大戦の頃までは土敷きになっていて、建具を清掃したり畳を干したりするところとして使っていたそうです。つまり大庭は、軽作業をするための庭として実用性を継続していたことになります。その後、大徳寺の塔頭である孤篷庵《こほうあん》を訪れる機会があったのですが、その大庭は土敷きでした。一般的には取るに足りないことでしょうが、私としては古式を今に継承しているその姿に、歴史遺産を保護することの奥深さを感じました。

大庭は、貴族や武士の住まいにかぎらず寺院の形式としても欠かせないものでしたが、外部との出入り口として玄関が付け加えられると、方丈や客殿（会所）といった寺院の主要な建築への入場や、参列のためには利用されなくなりました。しかし寝殿造住宅を引き継いで、主要な建築の前面と中央付近には何も置かないという原則は守られていきます。現代の寺院の大庭でよくみられる、白砂敷きに砂紋を引いたり石を据えたりする事例は、『都林泉名勝図会』などによれば江戸時代の中期以降に認められます。つまり龍安寺方丈の大庭が室町時代から石庭であったことは、きわめて特別なことだったのです。

江戸時代以前では、庭や建築の表現の幅が広い現代とちがって、住居や寺院をつくる場合の決まりごとが公的な建築であるほど厳しくなりました。そのような時代において龍安寺の石庭が例外的な状態を貫くことができたのは、出来が優れていたことに加えて、当時の世間を納得させられるだけの宗教的な説得力があったからにちがいありません。

平安時代以降、貴族中心の世から武士や多宗派の僧侶が台頭する時代へ移行することによって、住まいの仕組みが大きく変化していきました。四区分の庭に関しては、主役であった大庭の地位が著しく下がり、それに付随していた島は敷地の裏手へと追いやられます。坪は発生のきっかけそのものを失って衰退し、結果的に屋戸の占める割合が増えました。総じて実用の機会を減らした庭は、余地のようにみなされて樹木や石で埋められていきました。こうして外観上、四区分の庭はちがいがわかりづらくなっていったのです。

2　自由な室礼から定型化へ

住まいにおける室礼の固定化は間仕切りだけに留まらず、調度品にまで広がることになりました。世界遺産「古都京都の文化財」で知られる銀閣寺（慈照寺／京都市左京区）には、東求堂《とうぐどう》という一戸建ての平屋があります。ふつうは銀閣に注目が集まりがちですが、建築への調度品の常設、つまりは違い棚［写真2―1］や床の間の成立という住まいのあり方の変化を知るうえで、東求堂は見逃すことのできない重要な遺産です。

足利幕府は、『君台観左右帳記《くんだいかんそうちょうき》』［図2―3］という書物において正式な座敷飾りを定めました。それは違い棚と床の間における飾り付けの見本といえるもので、掛け軸や花瓶、茶道具などの飾り方が見てわかるように挿図入りとなっています。当時の貴族や武士たちは競って座敷飾りの洗練につとめました。その背景には、禅僧が取り入れた、当時の最先端を行く中国文化の文芸と、座敷で使われる道具の収集が流行したことがあります。将軍家の室礼や諸道具のコーディネートを手がける専門家集団（同朋《どうぼう》衆《しゅう》）［図2―4］が大いにその手腕を発揮し

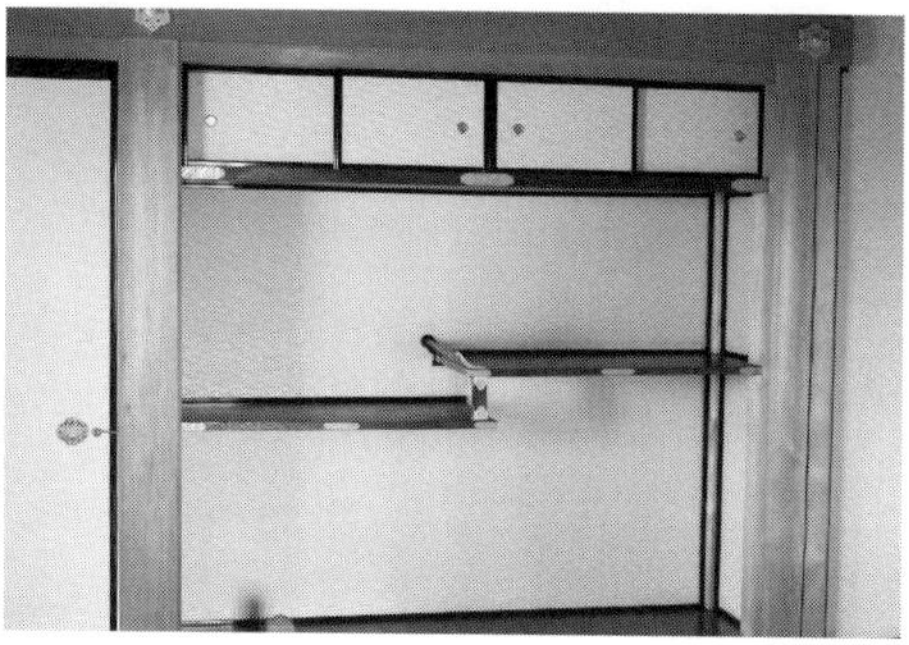

［写真2―1］　現代の違い棚

和室がある家に住んだ経験がなくても、寺社や旅館などを訪れたさいに、違い棚が備え付けられている和風建築を目にしたことがあるでしょう。違い棚は、貴重な諸道具を飾りつけ、来客に披露するための陳列棚です。棚の大きさは、場所の性質によって異なり、それ自体が装飾品といえるほど立派なものもあります。

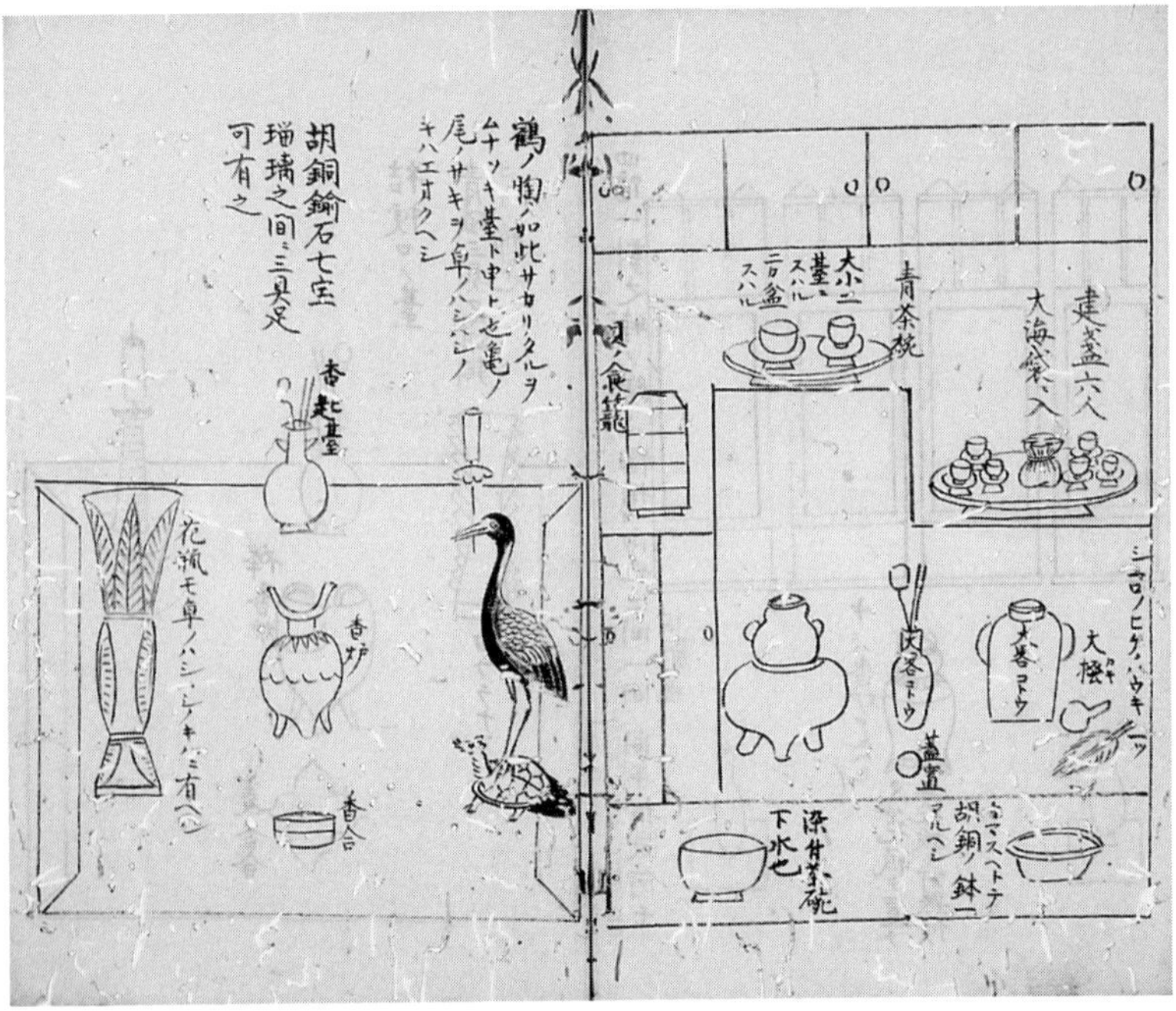

[図２－３]『君台観左右帳記』

『君台観左右帳記』は、画人録の部、座敷飾の部、器物の説明の部からなります。そのうち、本図は、花瓶や香炉が置かれた書院飾り（左）と、茶碗から窯、風炉《ふろ》（茶の湯の席上で、湯を沸かすための釜をかける置き型の炉）、食籠《じきろ》（茶の湯で用いる蓋付きの菓子用食器）など茶の湯の道具一式が置かれた棚飾り（右）を示したものです。[写真２―１] の違い棚と比較すれば飾り付ける前とその後の状況がよくわかります。

[図２－４]　同朋衆
若宮八幡宮社（京都市東山区）は、鎌倉・室町幕府に厚く保護された神社です。同社に伝わる資料のうち《紙本著色足利将軍参詣絵巻》一巻には、将軍に仕える同朋衆が参詣に随行した状況が描かれています。周囲を従者らに囲まれた中央右寄りの帯刀した人物が将軍で、その前を歩く剃髪した三人が同朋衆です。

たことも、座敷飾りの洗練に大きな影響を与えました。

振り返ってみると、寝殿造住宅では身のまわりの道具が厨子棚《ずしだな》や櫃《ひつ》など仮設の収納具に納められていました。道具と調度品は、使用する人々の身のまわりにあることが基本だったので、それらの位置は、ことあるごとに変えられました。

それに対して書院造住宅では、厨子棚が違い棚、櫃が床の間として建物に建て付けられており、道具はそれらに置かれることになります。結果的に道具の位置や数は制限されますが、道具の取り合わせ方や眺める向きが一定するので、鑑賞のうえで見比べやすくなりました。貴族や武士にとって座敷飾りは、自らの道具のコレクションと取り合わせの出来を来客に披露する場として愛好されることになったのです。

平成時代以降はめっきり減ってしまいましたが、かつて日本の住宅には大小を問わず床や棚を備えた部屋があり、個々の家で収集された道具によって飾り付けられていたものです。東求堂の稀少価値は、建築に棚が備え付けられた現存最古の事例という点にあります。国宝を代表とする文化財は、何となく守らなければならないお宝と思われているかもしれませんが、現代の日常生活につながる過去の足跡を現代に伝えているのです。一般の住宅と国宝は、価値としてみれば並び立てられるはずはありませんが、そのように受け取れば文化財が身近に感じられてくるのではないでしょうか。

楽しまなければ庭ではない時代へ

遊びや宴会のかたちは、これまで述べてきたような住まいの変化と同調して、多様化していきました。天皇を引退した上皇や法王が実権をにぎった平安時代の後期（院政期）では、身分差にかかわらず詩歌などに秀でた人物が文芸の集会に参加するようになります。文芸活動が活発になったことにより、文化の水準は高まった一方で、遊びの延長線のうえにあるといえど、身分の低い者たちに公然と室内や庭を歩き回らせるわけにはいかないという問題が生じました。

鎌倉時代の初期までの遊びや宴会といえば、主に漢詩や和歌を詠んだり音楽を奏でたりすることでした。その会場には、泉殿や釣殿と呼ばれる、「島」の池に接して建つ宴会向きの建築がありましたが、なかでも、よく用いられていたのは屋内通路（中門廊）の一画や、亭主の居間、応接の場（出居《でい》）でした。この頃は、身分差にとらわれない集会をするためだけの別棟を建てるという発想に乏しかったので、使い方がはっきりしていない住まいの一画を遊びや宴会のために用いていました。

それが室町時代に入ると将軍を中心として歌壇が盛りあがりをみせ、歌会や連歌の寄合が月例化していきました。利用回数の高まりにあわせて利便性の高い常御所《つねごしょ》（亭主の日常の住まい）が利用されるようになります。さらに頻度が上がるにつれて遊びや宴会、各種の接待や仏事、対面にも対応できる「会所」と呼ばれる独立した建築が生まれました。これが後に方丈や客殿に発展したとみられます。

また、同時代には文芸をともなう宴会の席で、酒と茶が楽しまれるようになりました。室町時代の喫茶のあり方について記した『喫茶往来』では、生き生きとした茶会と宴会の様子が記されています。御簾《みす》（宮廷・貴族住宅や寺社で使われる質の高いすだれ）や帷《とばり》（部屋の上部から垂れ下げて、室内を隔てる布）で飾りつけられた会所（客殿）のまわりには、白砂敷きの坪か屋戸が設けられていました。会が始まると、まず酒を飲んでそうめんや海・山の珍品、果物を口にします。その後いったん退座して、会所の側にある池の傍らに植えられたマツやカシワの木陰や、池に張り出した建築（泉屋）に涼を求めました。つづいて金閣や銀閣のように二階建てで望楼をもつ「喫茶之亭」という一風変わった建築を会場に、茶会が催されました［図2―5］。

二階に用意された茶席では菓子と茶が出されて世間話などをかわし、日が傾くとつづい

［図２－５］　銀閣の島

『喫茶往来』に記された茶会の席がどこにあったかは、定かではありません。文章を読むだけではイメージが湧きにくいので、現存するものから類推すれば、慈照寺（銀閣寺）の島と池が思い当たります。この図は『都林泉名勝図会』から銀閣と錦鏡池を抜き出したものです。こじつけの範囲を出ませんが、二階建ての望楼をもつ「喫茶之亭」を銀閣、池に張り出した亭を錦鏡池と東求堂、書院を方丈に見立てることができそうです。ただし、銀閣は観音殿、東求堂はもともと持仏堂（所有する仏像や位牌を納める堂舎）なので、機能・利用面では一致していません。

て管弦楽を交えた酒宴が始まりました。喫茶之亭の室内は、豪華な唐絵や茶道具、屛風や掛け軸などで飾られています。参加した人々はとくに中国などから輸入された道具類（唐物）を眺めて楽しみました。まさにその棚は東求堂でみられるようなものであり、『君台観左右帳記』に描かれているような座敷飾りであったのでしょう。そして縁先にはロウソクを灯し、お香が焚かれ、室内と庭は光と香りによる一体感で満たされていました。

平安時代の後期以降になると、室礼を自由に飾り付けるという関心が、建築に固定された床や棚を飾ることへと移行します。さらに室町時代にかけて流行した文芸をともない、酒や茶を交えた宴会では、床や棚への定式的な飾り方の優劣に関心が注がれるようになりました。この時期、庭は儀式での実用性と建築との関わりが薄れて、社会における関心も薄くなりつつありました。そこで庭は存続に向けて、それら室礼の道具の取り合わせに対抗できるだけの見映えとつくりが求められるようになります。現代に伝わる金閣寺や銀閣寺の島は、まさにその最高峰といえるものでした。

3　島づくりによる文化力の誇示

実用性を失って存在感を薄めつつあった庭は、もともと「大庭」の付属物でしかなかった「島」を通してふたたび社会に認められていきます。そのきっかけのひとつが、室町時代に活躍した禅宗の僧侶・夢窓疎石《むそうそせき》による貞和二年（一三四六）の「天龍寺十境」の選定です。この頃の禅宗では、「東山十境」や「建仁寺十境」など、寺院の境内とその周辺の景色や施設を対象として、十カ所を目安とした見どころを選定し、詩に詠むことが盛んに行われていました。その事例のひとつである「天龍寺十境」は、霊庇廟《れいひびょう》・曹源池《そうげんち》・拈華嶺《ねんげれい》（嵐山）・渡月橋《とげつきょう》・絶唱谿《ぜっしょうけい》（大堰川・桂川）などからなり、その多くが現代でも京都嵐山の名所として知られています。

それら境地のうち失われたもののひとつである霊庇廟は、発掘調査でその遺構が確かめられました。あまり知られていませんが、嵐山の広い範囲は文化財（史跡及び名勝嵐山）に指定されています。もし、読者のみなさんが嵐山で住宅などを建てるとしたら、文化庁長官の許可が必要となる場合があるので注意が必要です。

過去に十年近く「史跡及び名勝嵐山」の担当をしていた私は、偶然、霊庇廟の発掘現場に立ち会うことができました。現職に就いてまだ二年足らずの頃、発掘調査のイロハもわからず、定期的に大堰川（桂川）北岸で計画されていた宿泊施設の建設にともなう調査の立ち会いに通っていました。発掘が進んでいくにつれて、調査地の一角で柱跡の穴が並んで掘り出され、その配置と古絵図が照合されることによって、そこが霊庇廟の遺跡であることが判明したのです。そのときはピンときていませんでしたが、今こうして「天龍寺十境」に言及していると、その発見の重大さにあらためて驚かされます。

庭の見どころを指し示す仕掛け

この霊庇廟とは、足利尊氏が後醍醐天皇を弔うために築いたとされる天龍寺（京都市右京区）の要所です。現代では天龍寺八幡宮として、庫裏《くり》（僧侶の居間）の東側に位置を替えて引き継がれています。曹源池とは天龍寺境内に築かれた「島」のことで、滝と石組み護岸がめぐる園池と築山《つきやま》は現代に至る島づくりのお手本といえるほどのものです【写真2－2】。ここで注目すべきは、自然の風物とはちがって庭には来訪者へのメッセージが仕掛けられていることです。

［写真２－２］　天龍寺曹源池

写真の右端にある出島の先には、上部が突起した護岸石があります。そのすぐ左手に目を向けると、池中に岩嶋が浮かんでいます。さらにその左手のほうへ目をむけると、陸部にいくつかの景石が立てられています。これら、護岸石と岩嶋、景石を目で追ってみると、池上に軸線が浮かび上がるように感じられます。この写真で示した軸線は、ほんの一例です。天龍寺の曹源池には、このような仕掛けが多数あります。仕掛けを見つけるコツは、まず身近にある池の護岸を眺めて、突起するなど特徴のある石を見出し、その先に見える岩嶋との間を意識することです。その結果、おのずと目線の先は、何らかの意味があるものに行き当たるでしょう。

私たちが富士山など自然の絶景を目の当たりにして覚える感動は、自然の語りかけによるものではなく、私たちの漠然とした目配りなどから得られるものです。自然の風景の意味は、和歌や季語などの伝統を通じてあたえられるのであって、あらかじめ用意されているわけではありませんし、どこまでいってもあいまいです。それに対して曹源池では、つくり手によって来訪者の目線を誘導する仕掛けがあたえられています。具体的には、石の形・割れ目（シワ）・高さを利用して、離れた位置にあるいくつかの石組みや岩嶋、景石がつながって見えるよう、配置に工夫がなされているのです。園路（庭内を歩くための通路）や建築から曹源池を眺め、自身の手前から池のなかの石、対岸の築山に据えられた石へと意識を向ければ、庭全体に連続性と方向軸をつかみ取ることができます。連続する石が指し示す先に何があるかといえば、敷地外の自然の山（亀山）や、滝石組、汀《みぎわ》などといった庭の見どころです。

こうして庭内に見どころとそれらへの方向軸があたえられると、来訪者たちの間で一定の見方が共有できるようになります。そのことは、建築に床と棚が建て付けられ、座敷飾りの鑑賞の仕方が定まったのと同じように、住まいの使い方が定式化する歩みと同調しています。また、見方を変えると、来訪者が庭石を見て連続性や方向軸を感じるためには、石を据える高い水準の技能が不可欠となります。その結果として庭づくりには専門的な能力が求められ、石立僧《いしだてそう》（庭づくりに従事した僧侶）や地方から都に流入した被差別民のなかからは山水河原者《せんずいかわらもの》（中世の被差別民のなかで、庭づくりや土木工事に従事した人々。賀茂川の河原に集住したと伝わる）など、庭づくりを業となす人々が生まれました。

「島」の価値を高める新しい仕掛け

「天龍寺十境」に話を戻すと、その境地には自然の風物と並んで、成立に歴史的あるいは用途的意義が大きい霊庇廟や渡月橋など人工物が選出されています。それらと同様に島（曹源池）が自然の絶景と並列されるからには、際立って出来が優れていなければ興ざめというものです。自称するだけの境地などは誰の共感も呼ばないので、嵐山の見事な渓谷の眺望に匹敵するだけの見映えが必要となります。さらに島を自然の絶景と並び立てるには、それが自然界に、「ありそうでないもの」でなければ埋没してしまうでしょう。

つまり、十境のなかに自然の景だけではなく人工のものを含めることは、文化力のあからさまな誇示といえるものでした。それが京都の禅宗寺院のなかでも高い格をもった天龍寺［図2―6］において実行されることにより、眺めるものとしての「島」、いわゆる「庭

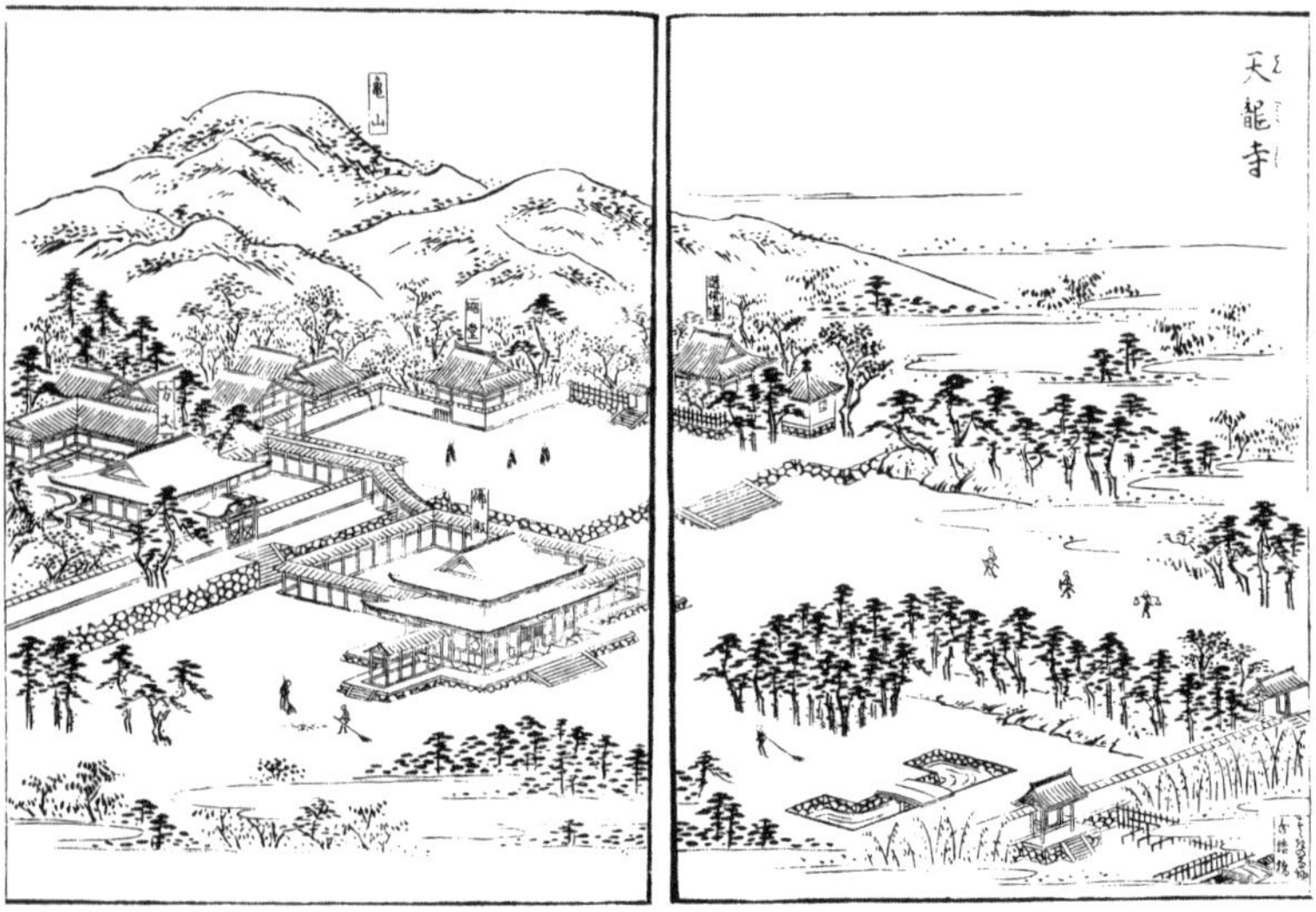

[図2－6]　天龍寺

禅宗、とくに臨済宗の本山（宗派の頂点に位置付けられる寺院。住職や執事、寺務員などが宗派全体の執務を行っている。それら僧侶たちは、大体、自らが住む寺や住まいから出仕している）では、山門、佛殿、法堂《はっとう》といった巨大な主要建築の正面に、それらの大きさに見合った大庭を配しています。その周囲には松などの針葉樹が植えられ、禅林と呼ばれる聖なる世界観を演出しています。特別に行事がないかぎりは、ただの空地か植栽帯にしかみえないかもしれませんが、開山忌（寺院を開いた僧侶の命日に行われる法要）など大きな行事では、参加者たちが参列したり待機するために用いられ、厳かな雰囲気に包まれます。

園」の価値は飛躍的に高まりました。天龍寺の曹源池は、夢窓疎石の作と伝えられています。現代でも嵐山や大堰川・桂川と並んで多くの人々が曹源池を訪れていることをみると、夢窓疎石による文化力の誇示は長い歴史を通して有効であり続けていることになります。

つぎに「島」の価値の高まりは、「回遊」という新しい使い方によって増幅しました。『喫茶往来』に記された茶会のように、ひとつの建築やその側を行き来するのではなく、庭のなかに複数の建築を点在させて、それらをめぐるという楽しみ方が生まれてきたのです。回遊ができる庭のもっとも古い事例が西芳寺（京都市西京区）［図2－7］にあります。かねてより私も、西芳寺の庭が回遊できる庭の現存最古の事例であることを知識としては知っていました。しかし正直いえば、長い間その意義を理解し損ねていたのです。あまり関係なさそうに思えるかもしれませんが、私が庭を回遊することの意義に納得ができたのは、茶会の表と裏を実体験するようになってからのことです。

もともと茶道の嗜みがなかった私は、現職に就いてから抹茶をいただくことがあっても作法ができていないため、そのたびに恥ずかしい思いをしていました。縁あって茶道を習い始めることになり、長く続けている間に茶会のお手伝いを許されるようになりました。二年に一回、春先には、日本酒の酒蔵がたくさんあることで知られる京都市伏見区にある

[図2－7]　西芳寺

本図は、(図中の本堂と庫裏とは別に) 本堂や庫裏が新設されるよりも前の、昭和時代以前の西芳寺の境内を描いたものです。中嶋が浮かぶ護岸をもった園池の周囲には、園路が通じており、茶室・湘南亭を代表とする複数の建築が配されています。池の護岸が入り組み、中嶋も高低差のある複雑な姿をしていることから、島の眺めは歩みを進める間に、どんどんと変化していきます。園路は、さらに旧本堂裏手から山の斜面のほう (図中右上) まで続いており、枯山水の石組みや指東庵 (開山堂) などを見て歩くことができます。建物などには現存しないものもあり、かつては眺めたり利用したりできる要素が今以上にありました。

御香宮《ごこうぐう》神社の献茶祭のお手伝いをしてきました。そのさい、私はひたすらお茶運びに専念していますが、茶会の券を購入すれば、薄茶席・濃茶席・点心席でお茶と食事、お酒が楽しめます。茶会のなかで参加者は、それぞれ近距離ではあるものの茶席を移動する必要があります。履物をいちいち脱ぐのが面倒ではありますが、いくつかの茶席を行き来することによって、建築ごとの内外装のちがいを知り、季節にあう道具で飾られた座敷を鑑賞し、中庭の木々を眺めて春のうららかな陽気を楽しむことなどができます。ひとつの建築内ですべての飲食を終えるよりも、気を許せる人たちとぶらぶら散策をしながらいくつかの建築をハシゴするほうが、会話も弾み何かと楽しくなるというものです。

つまり回遊とは茶会での移動と同じように、見映えがする眺望をもつ庭のあちらこちらに建つ四阿《あずまや》や小建築を、参拝や、文芸活動、飲食をしながらめぐって楽しむことでした。現代では、回遊できる庭の多くが実用の機会を失っているので、本来の意義がわかりにくくなっています。寺社の境内や住まいにおいて、建築は広い意味での庭（大庭・坪・屋戸・島）に取り込まれていますが、回遊できる庭の建築は、島のみを受け皿に点在している状態にあります。そこで、建築どうしをつなぐ園路が庭を回遊するための媒介として重要視され、その見映えと歩きやすさに工夫が凝らされるようになりました。

4　島づくりによる権力の誇示

武士が室町時代に都のなかで築いた邸宅は、すべて兵火によって失われました。その頃の庭については、将軍の別荘として築かれた後に寺院へと改められた北山殿（金閣寺・鹿苑寺）や東山殿（銀閣寺・慈照寺）といった遺構、あるいは《洛中洛外図屛風》における第十二代足利将軍・義晴の室町殿の描写などから知るほかありません。そのように実物がなく資料もかぎられたなかで市中の庭のことを知るうえでは、発掘調査の成果が貴重な情報源となっています。足利将軍邸のなかでもとくに有名な花の御所は、第三代の義満によって現在の室町通今出川（京都御苑の北西付近）のあたりに造営されました。その名称は、邸宅内にたくさんの花を植えた庭があったことにちなんでいます。現状では数多くの住宅などが建ち並んでいることもあり、全体像は明らかになっていませんが、小規模な発掘調査において花の御所跡の一部に池や築山、石敷、大小の景石をもった島が確認されてきました。貴族の権力の象徴といえば大庭の広さでしたが、武士はそれを島の大きさと見映えに求めていくことになります。

応仁の乱が起こり平安京が戦乱の舞台になると、貴族のなかには住みにくくなった都を離れて地方に落ちのびるものがあらわれました。かれらは地方で勢力を伸ばす戦国大名らの世話になりながら、庭づくりを含む京の文化を地方へと広げていきました。戦国大名らが領国の屋敷に築いた庭跡の代表的な事例は、一乗谷朝倉氏遺跡（福井県福井市）にあります。京都から福井県越前市を経て東北方向へ山道をひたすら走り抜けていくと、復元整備された戦国時代の居館と町跡が突如として現れます。朝倉氏の館は山裾に築かれており、大庭や花壇があったことが発掘調査で明らかになっています。とくに山間の複雑な地形を活かして築かれた島の見事な滝と石組みは、当時の戦国大名らが庭に高い関心をもっていたことを今に伝えます。

また同時期、鎌倉時代に成立した新しい仏教（鎌倉新仏教）の多くは他宗派と武士からの攻撃から自衛するため、寺域を城郭化しました。京都での事例としては、浄土真宗の中興の祖である蓮如が築いた山科本願寺（京都市山科区）があります。そこは境内を堅牢な土塁で囲むだけではなく、寺内町をも抱える宗教都市でした。その東方に設けられた、蓮如の隠居所である南殿跡には、池をもつ島が遺跡の状態で残っています。

現代では庭を権力の象徴とする見方がありますが、それは織田信長と豊臣秀吉による庭づくりの印象が定着したものといえます。かれらは足利将軍がしてきたように、庭づくりに関心を注ぎました。信長は、第十五代足利将軍・義昭のために築いた二条第のなかに、三〜四百個にもおよぶ石を有する立派な庭をつくりました。信長が自ら監督したといわれる二条第の造営のさいには、室町時代より名石として有名であった「藤戸石」を、彼自身の音頭で三〜四千人の人夫により曳かせたという逸話が残っています。またこの藤戸石が室町幕府の管領（将軍に次ぐ役職）である細川氏綱邸から移された経緯からみて、市中の者たちは信長の力の強大さを実感したことでしょう。

庭づくりへの意志が表出する護岸

権力の象徴としての意味を強めた藤戸石は、その後秀吉が京都の城として造営した聚楽《じゅらく》第《だい》に移設され、さらにその解体にともなって醍醐寺三宝院（京都市伏見区）の中心をなす石（守護石）となって現在にいたります［写真2－3］。三宝院の庭づくりには秀吉が自ら関わったことで知られます。しかし始まって間もなく秀吉が亡くなったため、庭づくりは一時的に休止しました。その後、三宝院の住職・義演が秀吉の遺志を引きつぎ、二十五年の歳月をかけて完成しました。

私は十年ちかく醍醐寺三宝院の園池の修理へ関わりましたが、三宝院の園池は類例のない珍しい仕組みをもっています。それにより、護岸の仕組みを理解するだけでも大苦戦することになりました。簡単にいうとその護岸のつくりは、子ども用サッカーボールより小さめの石を積み重ねた上部に、成人男性でも抱えられないほどの大振りな景石が載るというものです。積み石の高いところでは成人男子の平均身長ほどもあり、その上部には積み石と似つかわしくないほど巨大な景石が載るという不安定な姿に見えます［写真2－4・写真2－5］。

修理の計画段階では、この護岸の仕組みが築造以来の欠陥であると判断して、大々的に改修することになっていました。ところが外観を保ったまま仕組みを変えようとすると、どうしても不都合が生じるため、元のかたちで復元せざるをえなくなりました。そこでこの護岸が不安定なものではないものと仮定し、考古学的手法による調査を交えて検証し直しました。すると護岸の背面にある土は水に反応してカチカチに固まる特性をもっており、積み石は護岸に接する池水を隔てるためだけにあることがわかりました。上部の景石については、積み石に少し接している程度で、そのほとんどが地面の上に据え付けられているので安定しています。以上のことを総合すると、元の仕組みのままでも、維持管理さえ続

[写真２－３]　醍醐寺三宝院藤戸石
写真の奥中央に位置する藤戸石は、安土・桃山時代に権威の象徴とされたものです。その第一の理由は、織田信長が室町幕府の管領からそれを奪取したことにあります。一介の戦国武将が、将軍に次ぐ幕府の実力者である管領から名石を持ち出したという一連の出来事は、幕府と信長の力関係が拮抗していることを、あからさまに世間へ伝えたことでしょう。さらに、天下人である豊臣秀吉がその石を聚楽第、醍醐寺三宝院へ移したことにより、権威の象徴としての座を確固たるものにしました。一個の石で権威を示す石などは、藤戸石以外にありません。そのような背景からみても、徳川家康が二条城に藤戸石を求めなかった理由は定かではありませんが、興味深いところです。

[写真２－４]　醍醐寺三宝院護岸

［写真２－５］　醍醐寺三宝院護岸

庭の池の護岸は、通常は水中にあるので、壊れていることに気づかない場合もあります。醍醐寺三宝院の護岸の損壊も、大きな石が池に落ちて発覚したといいます。三宝院の護岸は、高低差があるにもかかわらず、下部を小ぶりの石で積み上げ、その上部に釣り合いが取れないほどの大きさの石が載っているようにみえます。昭和時代に修理を行った庭園の専門家は、外観からこの護岸の仕組みは欠陥だと解釈しましたが、抜本的に手を入れることはありませんでした。平成時代の中頃に再び修理を行う前には、元の状態がわからなくなるほど壊れている箇所もありました。平成の修理では、考古学の手法を用いた調査を全面的に採用することにより、元より護岸の仕組みに欠陥はないことを突き止め、旧観を取り戻すことができたのです。

けていれば支障がないことが判明したのです［図2―8］。この工事を通して庭の修理では、外観だけによる判断が禁物であることを思い知らされました。

三宝院の景石は、秀吉が「石狩り」と称して戦国大名たちから収奪したと伝わります。同じく数多くの樹木も召し取ったといわれており、全国統一の勢いを借りて力づくで庭の資材を調達したことがうかがえます。底が深い三宝院の園池では、景石を目立たせるために高低差を埋める必要があるので、護岸の上部は見映え、下部は池水の遮断のための機能を意識して築かれたものとみられます。この手法は現代に伝わっておらず一般的とはいえません。なぜこのような特殊で手間のかかる手法を用いたのかといえば、やはり権力を使って収集した景石を前面に押し出して来訪者に見せつけたかったからでしょう。

こうして島は、武力をも含む権力でかき集めた石や樹木の、いわば展示場という機能を備えていきました。現代では島を所有できるだけの経済の余裕をもって、富や権威の象徴とみなされることがあります。しかし元はといえば、「狩り」にみられるような絶大な力を誇示することに意味があり、それに加えて庭の見映えと出来が優れているからこそ、後世にまで庭の施主の威光が伝わってきたのです。私たちが広大で立派な島を目の当たりにして権威を感じるのは、信長と秀吉の庭づくりにさかのぼる武力と文化力の総合体をその

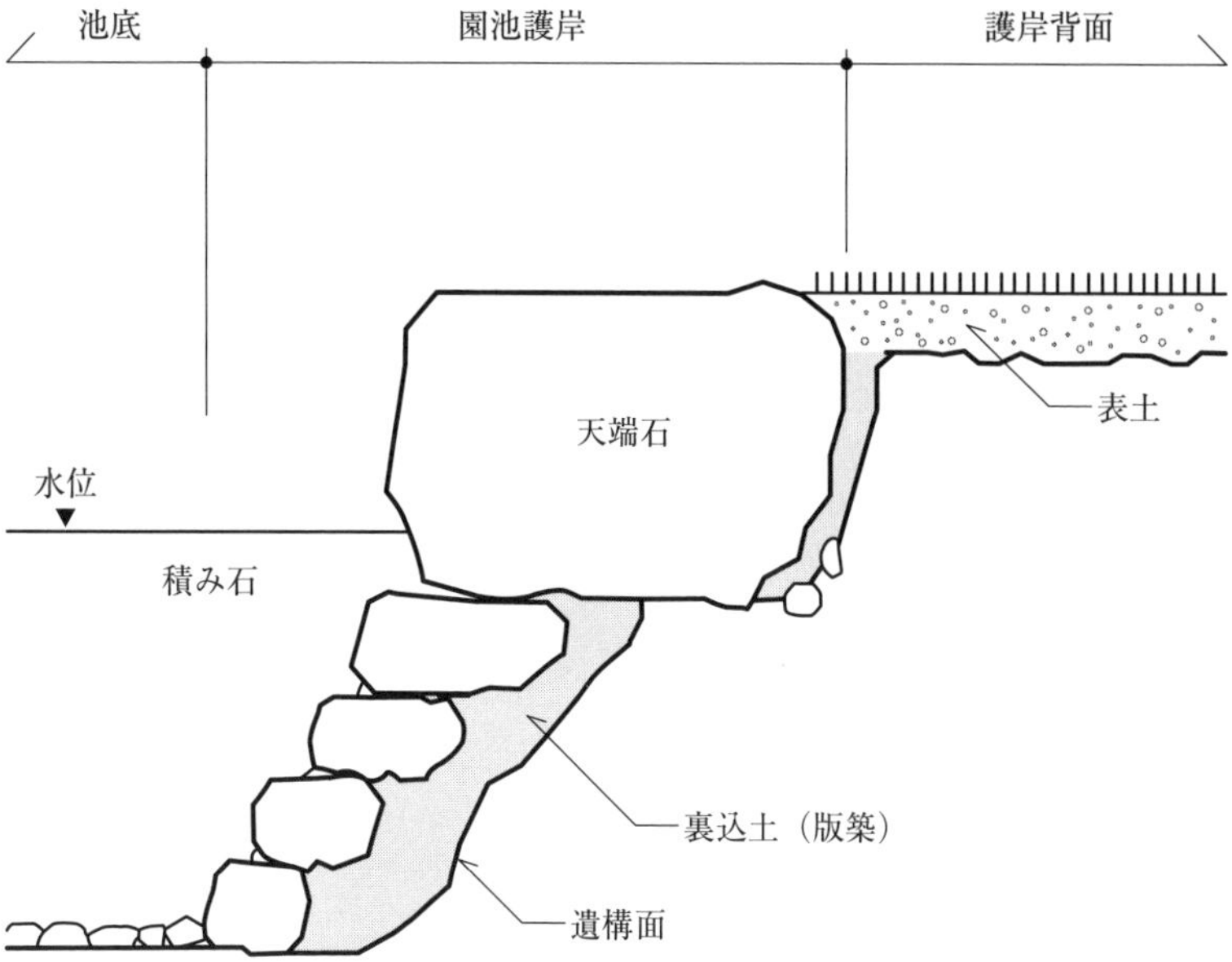

［図２－８］　醍醐寺三宝院護岸の仕組み

今や京都市内では、考古学的手法による調査を庭の修理に導入することが一般的です。調査は、修理前に壊れ方が激しいところを主対象として行います。調査とはいえど掘削は、破壊行為と隣り合わせであり、正常な場所まで壊してしまう危険性があります。したがって調査の位置と範囲は、慎重に決めなければなりません。その点が遺跡の発見を主目的とする「発掘調査」と異なるところです。調査の利点は、庭の内部の仕組みを解明する手掛かりが得られ、記録によって可視化できることです。それらの情報は、すべて修理方法の検討や設計に応用されます。本図も、調査を通して作成された断面図を元にしています。調査の役割は、医療でいうところのＣＴスキャンのようなものであり、調査結果を具体的な修理方法に落とし込んでいくためには、庭の実務者の知恵と経験が欠かせません。

シンボルとして読み取っているからといえます。

日常生活の効率化と連動して書院造住宅が普及していくと、庭の実用性は薄れ、建築との相互的な利用機会も失われていきました。儀式や宴会において庭と建物を行き来することがなくなった一方で、美しい舶来品で飾られた座敷での高度な文芸活動、酒・茶を交えた宴会に相応しい見映えと一定の見方ができる庭が好まれるようになりました。さらに「島」が大庭や建築に付随するといった従来のあり方ではなく、島のなかに複数の建築を取り込んで回遊することを楽しむ方法が新たに提起されました。

島の眺望を楽しむ庭や回遊できる庭、石庭など、現代に通じる魅力的な庭の多くが平安時代の終わりから室町時代にかけて育まれました。それらの成立には、貴族一色だった庭づくりに武士や僧侶などさまざまな社会的立場と考え方の人々が取り組み、「相互触発」しあったという背景があります。さらに安土・桃山時代には、島づくりを社会における権威付けに利用する取り組みも行われるようになりました。つまり平安時代の後期から安土・桃山時代は、庭が多様化し利用者の裾野を広げた時期であったといえます。

第3章

百「庭」繚乱

江戸時代

1　武家から公家への挑戦――エンターテインメント施設・「島」

江戸時代の庭をたどるうえでは、「島」の意味合いの拡大を押さえておくことが大事です。安土・桃山時代までの島は建築と大庭の付属物に過ぎませんが、江戸時代になると、広大な敷地をもつ島が建築や大庭を宅地ごと取り込む、という主従の逆転が生じました。そのような宅地のなかには、広大な島と小さな島が併存する場合もあったので、これらは区別しておかないと話がこんがらかります。そのような理由でこの先は、建築や大庭などを取り込んだ島のことを江戸時代の旅行案内書『都林泉名勝図会』にちなんで「林泉」と呼ぶことにします。

また江戸時代は、身分制度がはっきりと定められたことで、庭が社会階層ごとに個別化しました。そのことを踏まえて本章では、武家（武士）と公家（貴族）、僧侶、民衆の住まいや境内、さらには階層の影響が薄かった露地《ろじ》の順で同時代の庭をたどります。

江戸時代は、林泉をめぐる公家と武家のせめぎ合いから幕を開けます。寛永三年（一六二六）、後水尾天皇は徳川将軍家が京都の拠点とした二条城（京都市中京区）へ行幸しました。行幸とは天皇が外出して、自然の眺望や狩りを楽しんだり、公家たちの邸宅などを訪れたりすることです。通常は、緊張関係にある相手の邸宅へ出向くことはないので、豊臣秀吉が築いた京都の城・聚楽第《じゅらくだい》以来となる二条城への行幸は、徳川幕府の威光を世間に示すための儀式といえるものでした。そして将軍が天皇を自邸に呼ぶだけの力があること、つまりは天皇さえも武家の支配下に置くことを都の住人にみせつける格好の機会だったのです。一方、天皇と公家たちからすれば、足利家に代わる将軍がどの程度のもてなしをするのか見定めることができます。つまり招待する側、招待される側のどちらにとっても、将来に向けての度量が試されていました。

二条城は江戸時代のはじめに初代家康が築いたもので、その後改修されていきます。すでに二之丸御殿とそれにともなう島（二之丸庭園）は築かれており、第二代秀忠と第三代家光はそれを基に増築と庭の改修をしたものとみられます。現状では大広間（対面所）と黒書院に島が面しており、外周は塀と竹垣で囲まれています［図3－1］。それが古図面によると、行幸の時点では林泉の四方が建築で取り囲まれていました［図3－2］。つまり行幸のための御殿の増築にともなって「島」が「坪」状に変質することになったのです。その

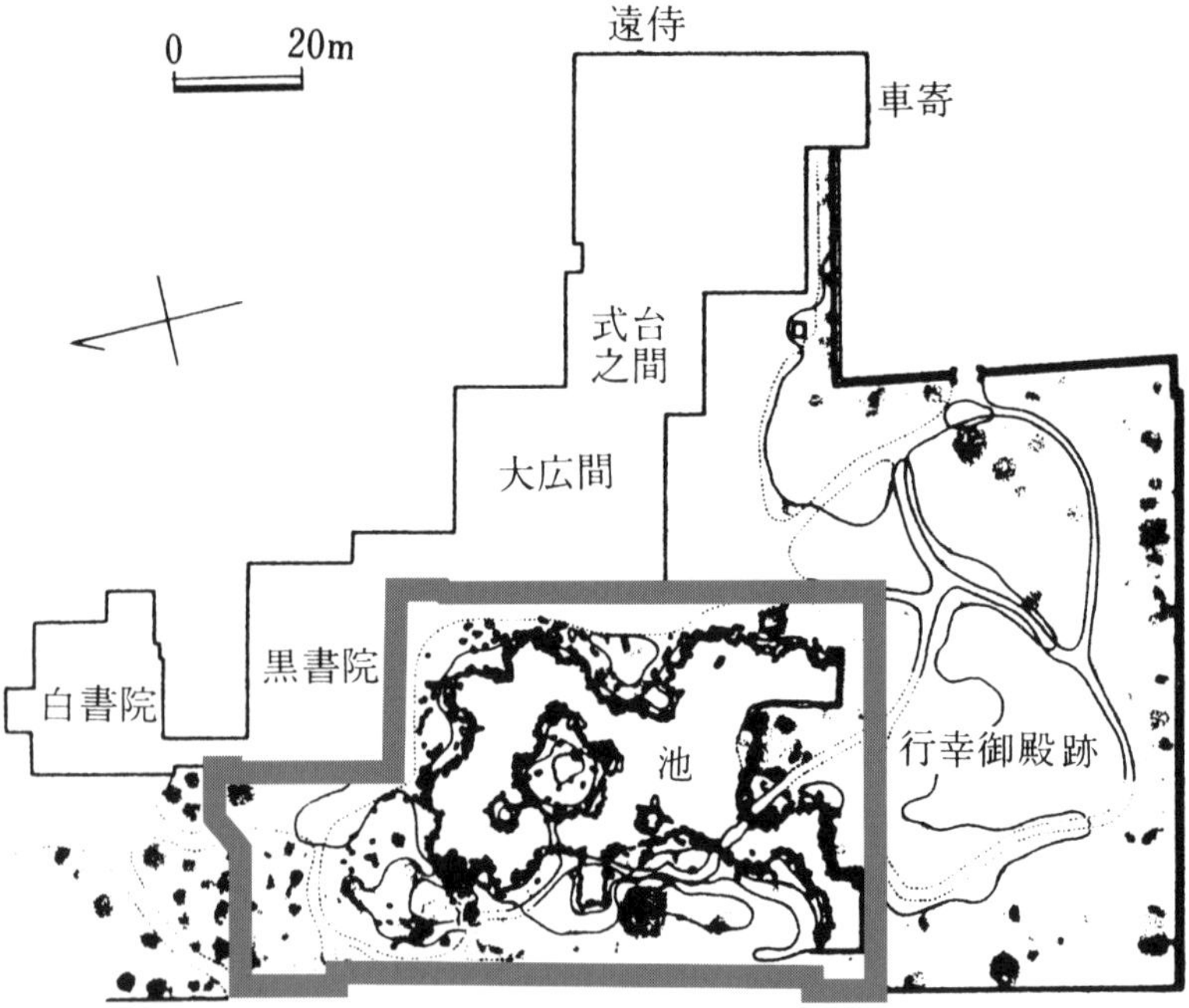

［図３－１］　二条城二之丸平面図（現在）

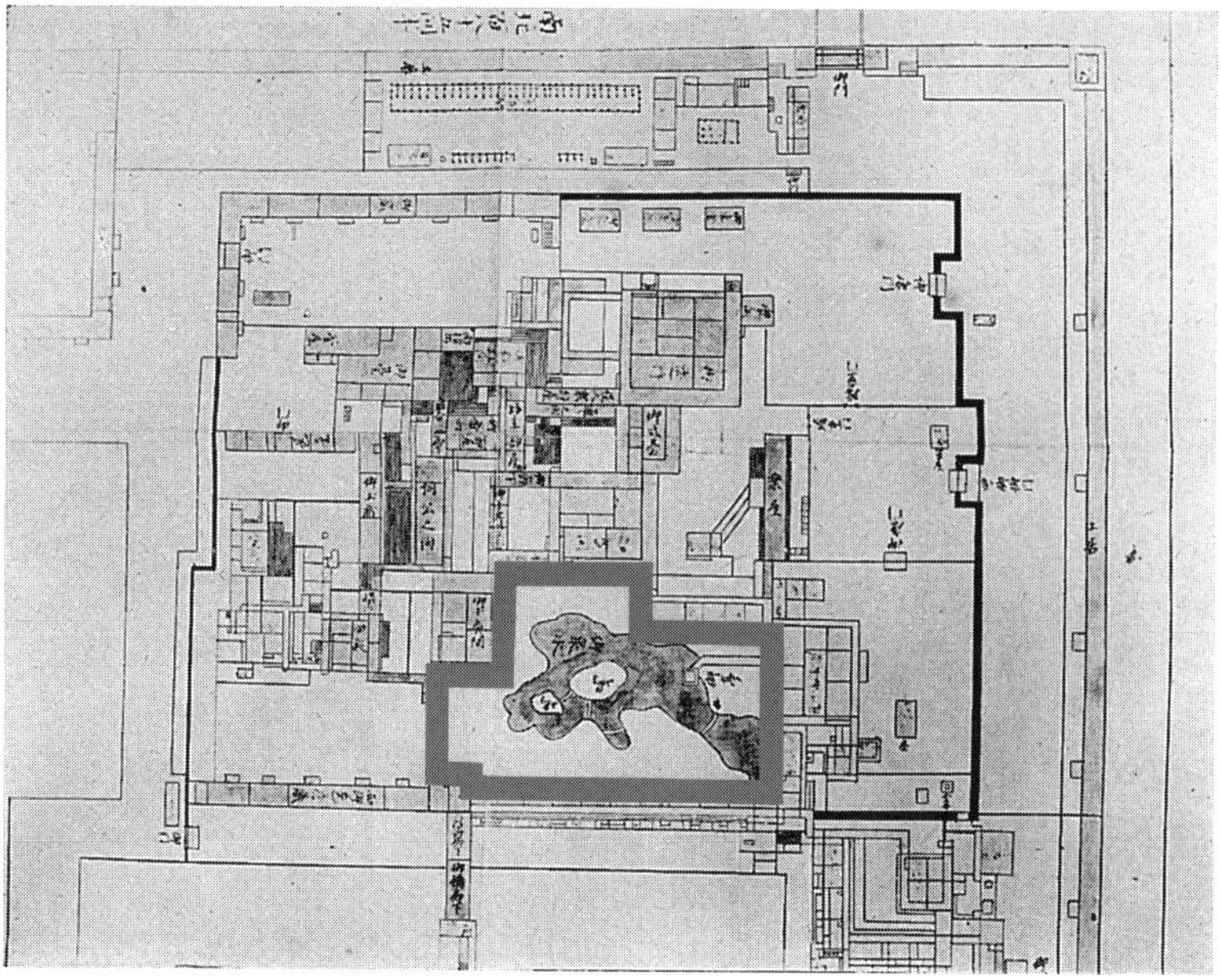

［図３－２］　二条城二之丸平面図（寛永行幸時）

上の図は、寛永期の後水尾天皇の行幸における二之丸御殿と島の平面図です。そして右の図は、現状を示したものとなります。グレーの囲み部分は、寛永期の島の範囲です。上の図では島が建物で囲われ、坪状になっているのに対して、右の図では御殿と島が一対の関係となっています。この２つの図を比較すると、後水尾天皇の行幸以降、島の南側と西側（図の右側と下側）の建物が撤去されたことにより、島を取り巻く立地条件が激変したことが、一目瞭然です。現代で公開されている範囲は、主に北側と東側（図の左側と上側）なので、旧来の島の眺望からいえば、およそ二分の一でしかないことになります。

結果、島は御殿と隣り合わせの関係となり、至近距離からの目線に堪えられる見映えと、四方のどこから見てもおかしくない出来栄えが求められました［写真3－1・写真3－2］。ちなみに、行幸にともなって増築された御殿は事後に移築され、現状の公開は一八〇度の範囲のみとなっているので、残りの半分は活かされていない状況にあります。

演劇の舞台のように一方向からではなく、スタジアムで球技を観戦するような三六〇度の視界を実現するためには、庭を表も裏もない状態に仕立てる必要があります。ましてや文化に造詣の深い天皇の目を誤魔化すことはできませんので、この課題はかなり難しいものとなったにちがいありません。太陽の向きに応じて表と裏がある植栽であれば、球形か方形に刈り込むことで全面からの視野に対応できます。それに対して庭石は一個のうちで見映えがよい面がかぎられているので、四方からの眺めに耐えるようにするには、いくつかの石の面を組み合わせて連続性をもたせる必要があります。それは自然石を使った立体のパズルのようなものといえるでしょう。

ところで京都市役所では観光客の足が遠のく八月半ばに、集客のテコ入れとして旧暦の七夕の時期限定で二之丸御殿の島を夜間公開しています。その開始時には、私と観光の担当者、関係業者さんたちで、日暮れに何度も現地に出向き、光線によって来訪者の目線を橋や島、滝石組などの見どころへ誘導するために照明器具の置き方を検討しました。結果的にそれら一連の作業を通して、三六〇度の視野を満たすための工夫が施されていたことを知ることができたのです。

まず三六〇度の視野は、座る人の位階によって眺望の比重（格づけ）を変えることで確保されています。具体的には、もっとも重要な天皇の御座所があった位置から島を眺めると、まるで多数の人々がこちらを注目しているかのように、相当な数の景石が見る側のほうに向いてみえます。ついで位の高い公家の座所、大広間（対面所）、黒書院などの眺望からでもたくさんの景石が正面にみえますが、天皇の御座所にはおよびませんし、ほかの箇所ではなおさらのことでした。多角的な視野からでも数多くの石が一体のものとしてみえるこの状況は、離れた位置にある石どうしの四方と上面をそろえて据えることにより得ることができます。それを実現するためには何度も石どうしの面の関係を確認して、多数の面がそろったように据えるという、とても時間のかかる作業と卓越した技能が必要となります。さらに、切れ目のない一体の眺望を中嶋と築山《つきやま》で区切ることにより、天皇の御座所からは幅が狭くても奥行きの深い景、大広間からは広がりがありつつ奥行きに変化がある景、黒書院からはソテツが目を引く小ぢんまりした景などを実現しています。

[写真３－１]　二条城二之丸御殿の庭（大広間からの眺め）

［写真３－２］　二条城二之丸御殿の庭（行幸御殿跡からの眺め）

二条城二之丸御殿の最も格が高く広い室が、大広間（対面所）です。現代では通常、障壁画を陽光から保護するために、雨戸が閉まった状態にありますが、特別な催しでは、室内から島を眺めることもできます。徳川慶喜が大政奉還を行ったところとしても知られます。大人数を収容できる大広間は、多くの公家や武士を招くときに用いられました。かれらは、大広間から見える大きく立派な島を通して、徳川家の威信を感じたのではないでしょうか。その一方で、寛永期に対面所の南側に設けられていた行幸御殿（後水尾天皇の座所）から島を眺めると、視界に入る数々の石がこちら側を向いてみえます。それは、島から威信を感じるというよりも、庭を眺める側が、まるで庭石から注目を浴びているような不思議な体験です。

このように二之丸御殿の島は、見る側の意識に働きかける石の配置と多様な景の展開に合わせて、池に張り出した位置に池亭、大広間の前に能舞台を設けることにより、三六〇度の眺望と芸能を満喫できるエンターテインメント施設として行幸に供されたのです。

2　公家文化の逆襲——総合アミューズメント施設・「林泉」

二条城行幸の三十五年後となる寛文元年（一六六一）、後水尾上皇は江戸幕府の力を借りて修学院離宮（京都市左京区）［図3—3］を築造しました。その庭は、比叡山の麓の一角を大きな林泉と見立て、上・中・下段をそれぞれ書院や四阿《あずまや》を設けた小区画に分け、全体を園路で回遊できるものでした。とくに上段の高台にある隣雲亭から浴龍池への眺めは圧巻です。大自然を取り込みながら繊細かつ大胆な眺望を実現したその林泉は、江戸時代の武家による庭づくりに決定的な影響をあたえました。そのことを通して、後水尾上皇の計り知れない文化力と幕府に対する意地がうかがい知れます。

江戸幕府は前代の足利幕府や戦国大名らがしたように、朝廷に対しては協調を意図した経済援助を行います。ただし、室町幕府が朝廷の威光にすがろうとしていたのに対して、江戸幕府は天皇や公家の権限と生活を高圧的に制限するべく禁中並公家諸法度を発布し、政治から距離を置くことを強制しました。天皇をはじめとして公家らの生活はとても不自由なものとなっただけでなく、宮廷・公家社会では学問と文芸活動に専念せざるをえなくなります。

そこでかれらは、学問と文芸活動を中心とした新しい公家の生活に適した庭のあり方を示す必要に迫られます。しかし怪我の功名というべきか、そのあり方が、今日までの林泉＝庭園づくりの主流となっていきました。新しく示された林泉の手本ともいえるのが八条宮智仁親王とその子・智忠親王が二代にわたって築いた桂離宮（京都市西京区）［図3－4］です。

その林泉ではあらかじめ明確に用途を想定して、総合的な利用ができる書院、月影を望むことのできる亭・月波楼《げっぱろう》、園池を一望できる茶座敷・松琴亭《しょうきんてい》、山中の四阿・賞花亭、持仏堂の様相をもつ園林堂、田舎風の茶座敷・笑意軒《しょういけん》、舟遊びのための御舟屋など、多彩な施設が配されています。それらは土間や石畳などバリエーションにあふれた園路でつながり、回遊することができます。書院まわりには前栽《せんざい》、大庭、屋戸（鞠場）、弓場、馬場など多様な庭を配し、さらに園池の一部には天橋立（京都府宮津市）などの「名所《などころ》」をシ

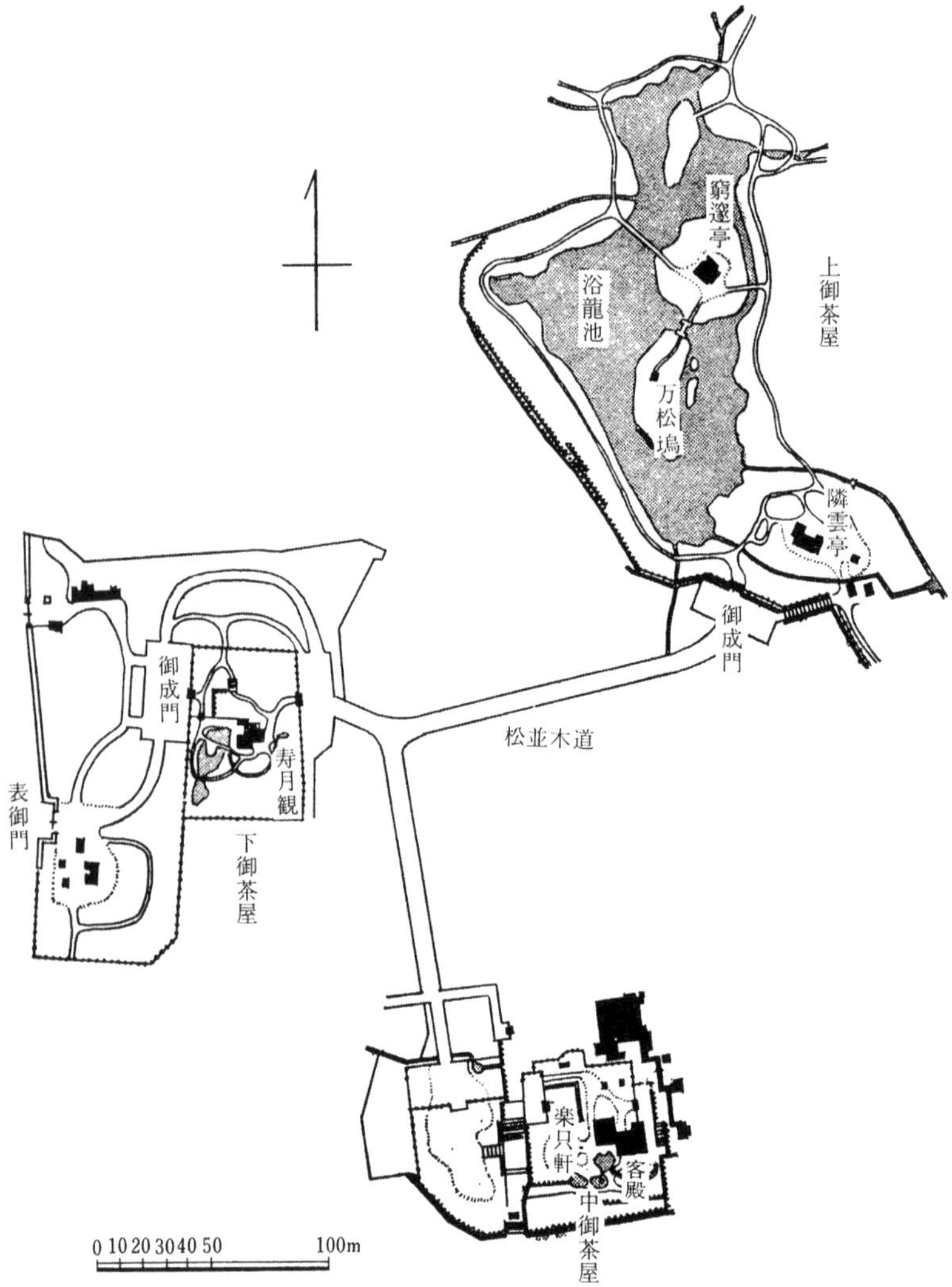
窮邃亭
上御茶屋
浴龍池
万松塢
隣雲亭
御成門
松並木道
御成門
寿月観
表御門
下御茶屋
楽只軒
客殿
中御茶屋
0 10 20 30 40 50 100m

［図３－３］　修学院離宮

比叡山の麓に造営された修学院離宮は、下・中・上の３つの御茶屋が一体のものとして成立しています。それらは門で区画されており、明治時代につくられた松並木の道でも連絡しています。表御門と御成門を構える下御茶屋（下離宮）は、寿月観《じゅげつかん》とよばれる後水尾上皇の御座所と島からなります。中段にある中御茶屋（中離宮）は、客殿と楽只軒《らくしけん》からなり、庭は枯山水です。最上段の上御茶屋（上離宮）は、堤で川水を堰き止めてつくった浴龍池と山の斜面地からなる林泉です。区域の全体が園路で周回できるようになっており、浴龍池の中嶋上にある窮邃亭《きゅうすいてい》、見晴らしのよい丘上に建つ隣雲亭などをめぐることができます。また広大な敷地に林地と田畑が取り込まれ、３つの御茶屋の間に距離があることで、あたかも山居の間を渡り歩いているように感じられます。

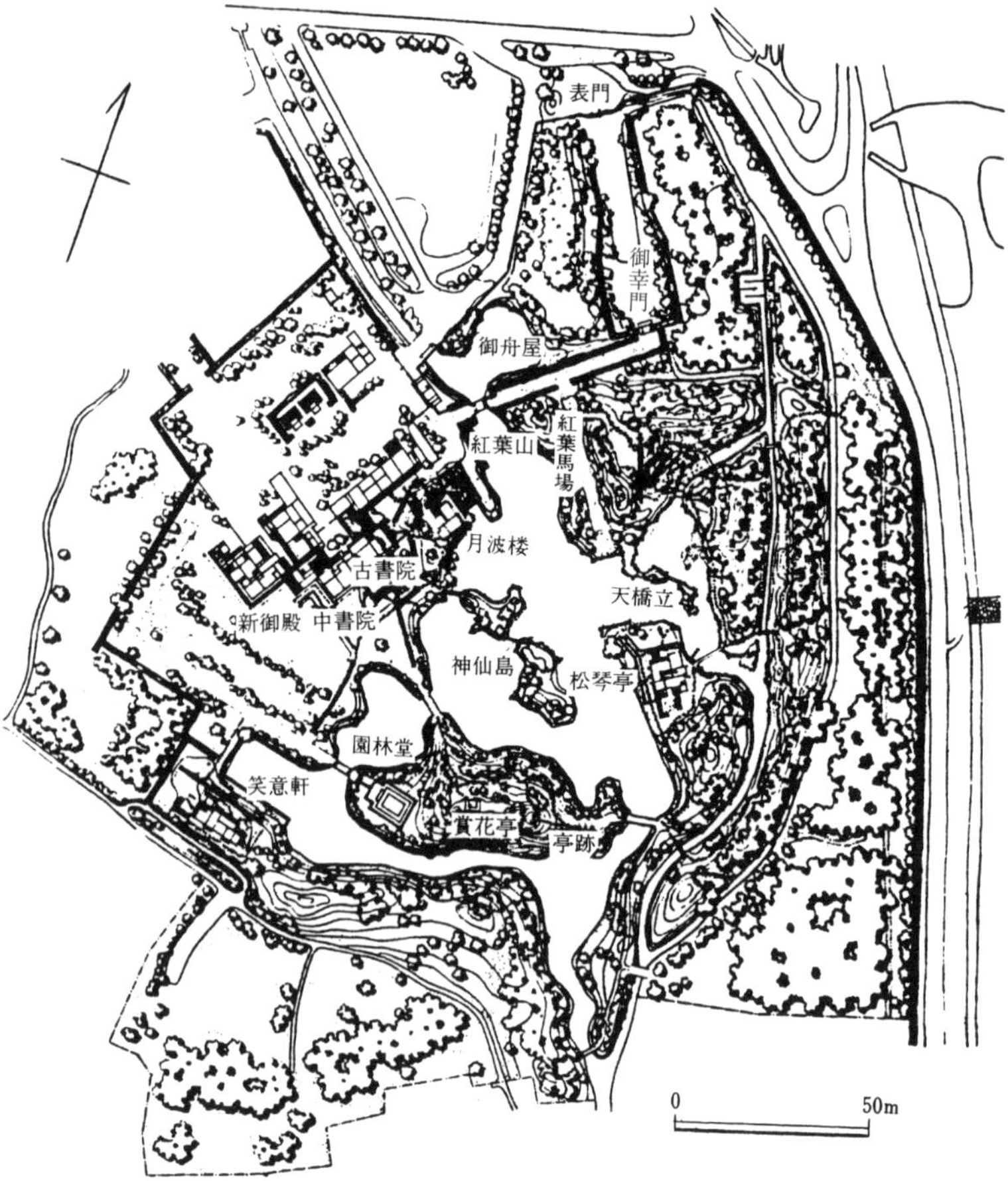

[図３－４]　桂離宮

桂離宮と修学院離宮は、表門（表御門）、御幸門（御成門）を出入り口とし、御殿と書院（御座所と客殿）を設け、園池と築山を築いたなかに小建築を配するところなどは、共通する部分が多くあります。ただし、修学院離宮では離れた位置にある御座所と客殿が、桂離宮では池を中心として周回できる園路が施された林泉により、すべて一体となっています。また屋戸が馬場として用いられていたり、池の一部に「名所」として天橋立を模した景が設けられていたりする点などに、江戸時代の大名屋敷における林泉の祖型としての特徴がみられます。

ンボル的に造形化してしつらえます。このようにして林泉は、儀式から文芸、スポーツ的な遊芸ができる施設を有機的に結びつけた総合アミューズメント施設としての性格があたえられたのです。

江戸時代の当初、二条城二之丸の築造を通して発せられた徳川将軍家による「島」づくりのメッセージを、後水尾上皇を中心とした皇族や公家たちは真正面から受け止めました。その結果として、「林泉」という新しい庭の展開につながることになったのです。また修学院離宮と桂離宮は、室町時代に始まった「回遊できる庭」を徹底的に進化させ、多様な遊びに対応できるよう機能を充実させたものといえます。その後、武家たちがこぞってそのやり方を模倣したことをみれば、まさに公家の文化面における面目躍如であったといえます。

3　参勤交代と庭づくりの全国展開

江戸時代に入ると、庭づくりの一大拠点は、京都に代わって政治の中心である江戸に移りました。現代の東京で一般公開されている六義園［図3－5］や小石川後楽園［図3－6］

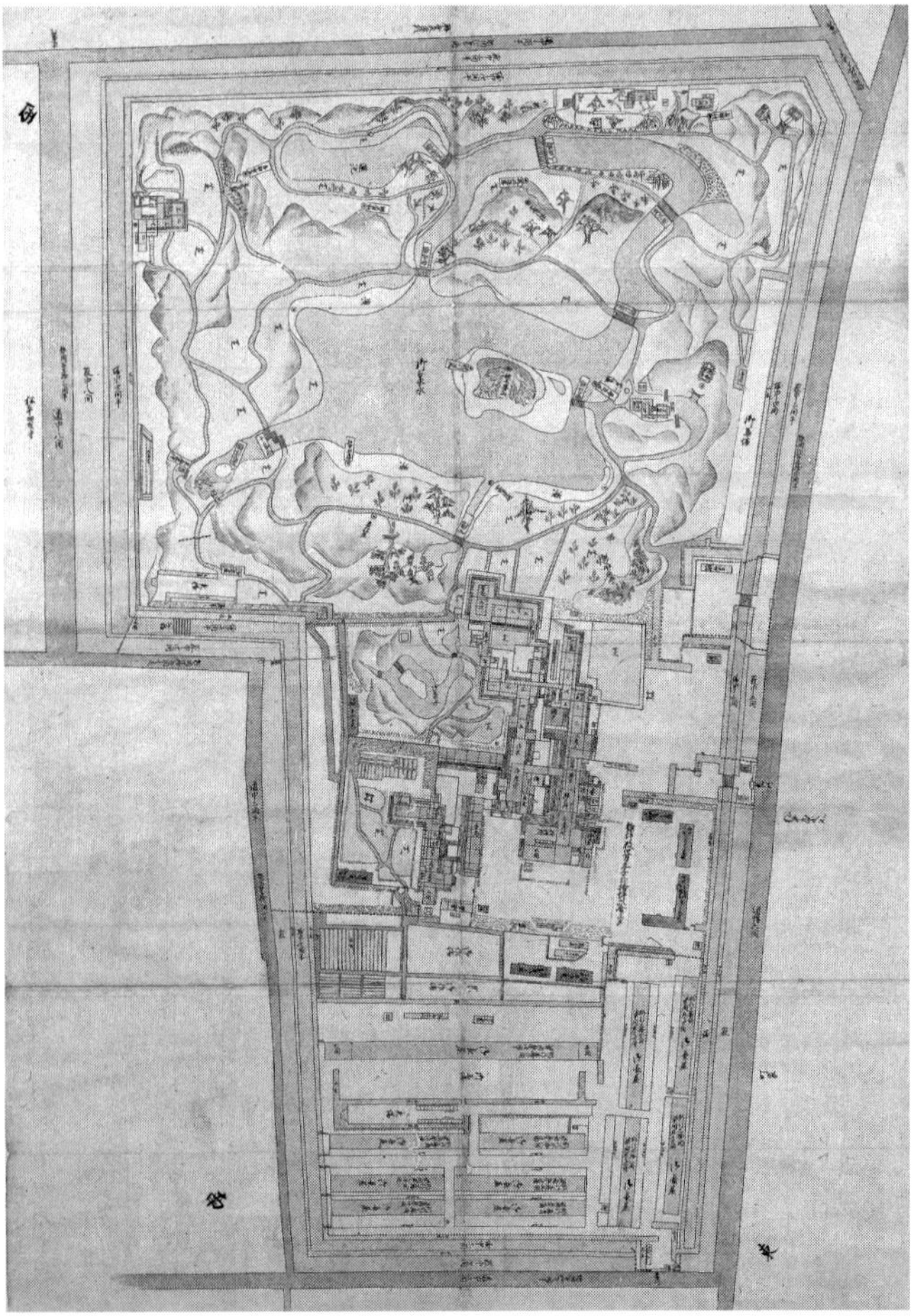

[図３－５]　江戸の大名邸（六義園）

現代の東京都内には、大名屋敷の跡地がいくつか残っていますが、建築は、明治維新の後、さらには第二次世界大戦の空襲などの影響で、ことごとく失われました。ただ幸運なことに、そのことを知る資料は少なからず残っています。本図は、柳沢吉保の下屋敷であった六義園の江戸時代の姿を示しています。現代では林泉だけがみられますが、かつては数多くの住まいや施設とともに島や坪、屋戸があったことが知られます。

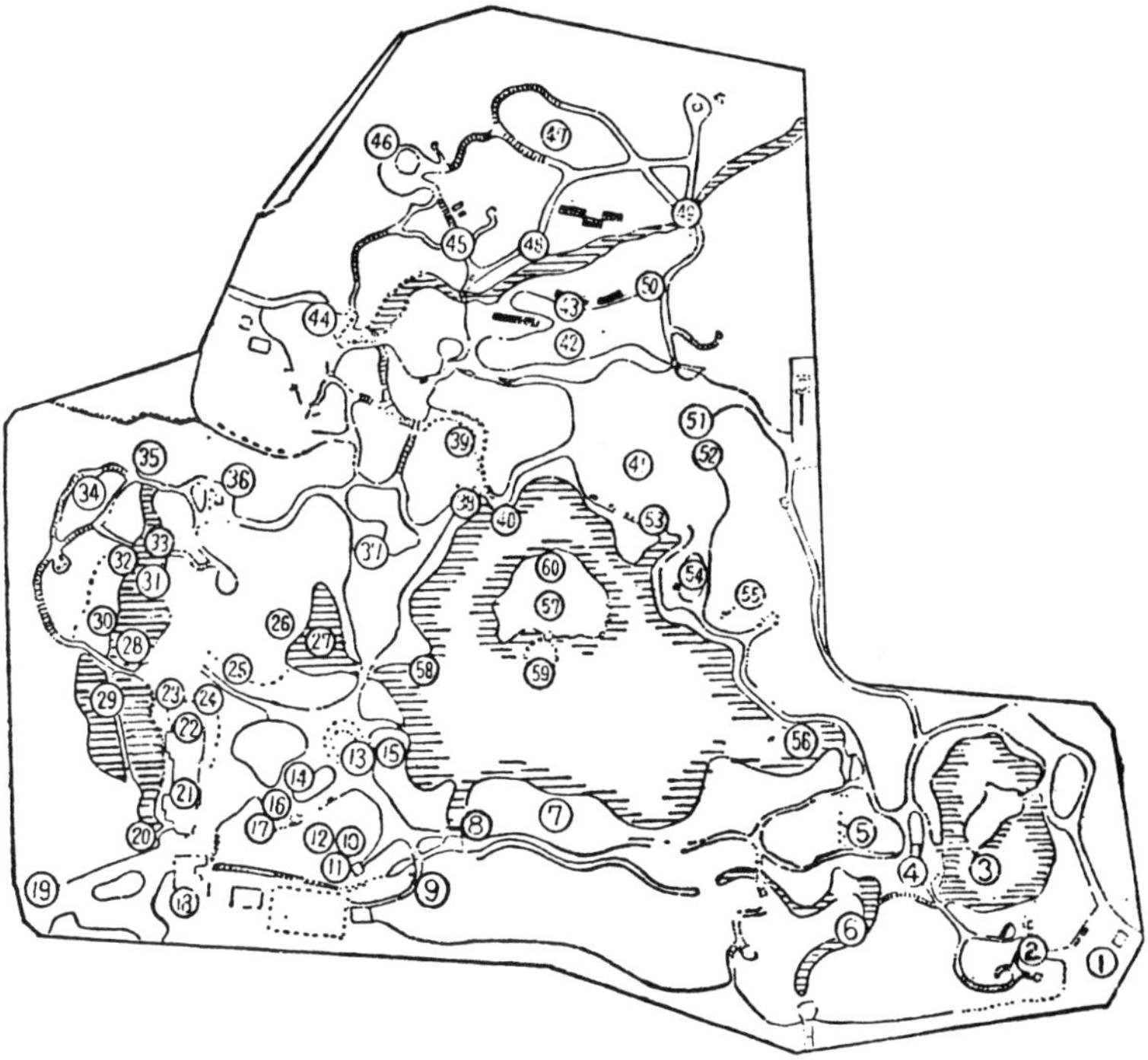

①正門（東門）　②記念碑　③内庭　④唐門跡　⑤延段　⑥寝覚滝　⑦紅葉林　⑧帛橋　⑨駐歩泉　⑩歌碑　⑪西行堂跡　⑫朝鮮燈籠　⑬枝垂桜　⑭陽石　⑮陰石　⑯雪見燈籠　⑰枯滝　⑱庭園事務所　⑲涵徳亭門（西門）　⑳菊形手水鉢　㉑涵徳亭　㉒鉄砲垣　㉓桃山形燈籠　㉔飾手水鉢　㉕水堀小石　㉖小廬山　㉗蓮池　㉘渡月橋　㉙西湖堤　㉚屛風岩　㉛大堰川　㉜沢渡り　㉝音羽滝　㉞清水観音堂跡　㉟通天橋　㊱得仁堂　㊲丸屋　㊳沢渡り　㊴白糸の滝　㊵伽藍石　㊶松林　㊷花菖蒲田　㊸藤棚　㊹円月橋　㊺愛宕坂　㊻八卦堂跡　㊼梅林　㊽八つ橋　㊾石橋　㊿不老の水　51九八屋　52遠州形燈籠　53船着場　54異形燈籠　55瘞鴿碑　56竹生島　57蓬莱島　58一つ松　59徳大寺石　60弁財天祠

［図３－６］　小石川後楽園の平面図

水戸徳川藩の中屋敷（後の上屋敷）であった小石川後楽園は、江戸時代の大名による林泉の使い方の特徴を、現代に色濃く伝えます。池を中心として全体を周回できるように、園路を配したなかへ、抽象的に表現した中国や京都など日本各地の「名所」（嵐山の渡月橋、東福寺の通天橋など）が仕掛けられています。同じ水準の文化的な素養を身につけた武士たちであれば、その仕掛けを通して、漢詩や和歌、故事、文学作品など互いの教養や旅行の経験などを通して会話が止めどなく広がり、さらには文芸活動が触発されることにもなりました。

（東京都文京区）、浜離宮（東京都中央区）などの庭は、江戸時代の大名屋敷の跡です。それらの広大さと複雑な構成をみれば、江戸時代の東京で庭づくりが盛んであったことに疑いの余地はありません。しかしそれらの建築は、まず明治維新で多くが取り壊され、さらに残っていたものも関東大震災や第二次世界大戦中の空襲で失われました。そのつらい歴史が華やかであった「江戸の庭づくり」の説得力を弱めています。しかしあくまで、江戸時代における庭の文化の中心地は、京都ではなく江戸（東京）でした。

私は旧田中光顕邸・蕉雨園（東京都文京区／非公開）を訪れたときに、江戸が庭づくりの中心であったことを強く実感しました。近代に築かれた邸宅を見て江戸時代の庭づくりの実態を知るというのもおかしな話ですが、旧田中邸の書院は個人住宅とは思えないほど壮大かつ上品な木造和館であり、その出来には度肝を抜かれました。それが明治三十年に建てられたことから逆算すると、江戸時代に修行した大工の手が入っていてもおかしくはありません。加えて古い江戸の地図や大名屋敷の図面などをみると［図3－5］、江戸時代には旧田中邸よりもはるかに立派な建築がごまんとあり、それらが京都の二条城二之丸御殿や旧公家邸ともいえる門跡寺院の建築に近いほど質の高いものであったであろうことに説得力をあたえます。それは過去をさかのぼる想像力をかき立てるうえで現物を継承することが、いかに重要であるかをあらためて思い知らされる体験でもありました。

江戸時代の将軍家と大名領主は、城郭や邸宅さらには隠居所、別荘などに数多くの庭を築きました。なかでも江戸にはおびただしい数の島と林泉が築かれ、さながら庭園都市の様相をみせたといいます。それらの庭が増加した要因には、明暦の大火と参勤交代の制度が挙げられます。

明暦三年（一六五七）、江戸で生じた火事は、市中の大半を焼失させたうえ、江戸城本丸までも失わせた大惨事として知られます。明暦の大火と呼ばれるこの大火事は、参勤交代のために諸藩の大名が江戸市中に設けた屋敷へ大きな被害をあたえました。その反省から、幕府は火事被害の分散と緊急避難地を確保するため、大名らに本邸以外の屋敷地を分けあたえることになります。その結果、大名の江戸屋敷は上《かみ》・中《なか》・下《しも》に分散し、その十分すぎるほど広大な敷地は島と林泉づくりの受け皿になっていきました。そうした分散した江戸屋敷のうち、政治と日常生活の場である上・中屋敷の庭では実用が重視され、客人の接待などに用いられる下屋敷の庭は能舞台や茶屋などをそなえた遊興中心の場となります。また屋敷の一角には、前栽の巨大版ともいえる、梅や桜が寄せ集められた「園生《そのう》」がつくられました。

武家による島や林泉づくりでは位階の上下が強く意識され、とくに大広間に面して築かれた城郭や屋敷の島は、将軍や大名などの座からの眺めがもっとも優れるよう配慮されました。また庭内には、目下の者から目上の者への祝福を意味する鶴島や亀島といった見どころが積極的に築かれるようになります。林泉については、数多くの「名所」を配置させることにより、一定の教養と文芸の素養をもった者でなければ楽しみが半減するようなものとなりました。この頃の名所は室町時代の天龍寺十境などとはちがって、武家や公家たちが林泉内に中国あるいは日本の名所を模してつくった庭の部位のことです。小石川後楽園では、嵐山の大堰川や渡月橋、東福寺の通天橋など京都にゆかりがある名勝地の景などがシンボル的に造形化されています【図3―6】。それら林泉内に分散させてつくられた名所は、和歌や漢詩などの文芸や趣味の題材として利用されました。

また参勤交代は、日本全国の交通網を発達させ往来の活性化をうながしました。その影響により江戸城を中心として江戸藩邸で培われた庭づくりの手法や美意識は、全国に三百ほどもあったという各藩の国元へと伝わり、地域色を帯びながら全国の城郭や武家屋敷にくまなく広がっていきました。

4　宗派の力の象徴

江戸時代に創設された寺院の境内には、今もなお数多くの名庭が継承されています。その理由は、近代以降も寺院が社会のなかで継続してきた存在だからということだけではありません。むしろ江戸幕府による寺院法度の制定や寺請制度、末寺による檀家制度の構築が結果的に寺院の経営基盤を安定させ、さらに個別についた支援者をもてなすという庭を設ける動機を得たことが何より注目されます。

私は、日蓮宗の本山立本寺《りゅうほんじ》（京都市上京区）の幕末に築かれた庭の修理を足掛け七年間担当しました。工事は庭師さんの仕事が少ない冬の時期をねらって行われ、私も工事の工程や手法を考えるために、足しげく現地に通いました。何度も訪れているあまり意識していなかったのですが、客殿から大庭のほうを向くとその背景に巨大な本堂の屋根が目に入ります【写真3－3】。しかし、境内の配置のうえで何となくそうなるものとして気にも留めていませんでした。それがあるとき、京都に八カ寺ある日蓮宗本山の庭の調査として妙顕寺と妙覚寺（京都市上京区）を訪れたときに、どちらも客殿から大庭を介して本堂を眺め

［写真3－3］　立本寺の庭
日蓮宗本山・立本寺客殿の南側は、土塀沿いに低い築山が配された白州（白砂敷き）の大庭となっています。その背景には、巨大な本堂の屋根がそびえています。一見このような景色は、境内の配置のうえで偶然生じたものと思いますが、そのほかの京都の日蓮宗本山の客殿と大庭の関係をみれば、その多くで、本堂の屋根を意識的に参拝者の視界に入れていることがわかります。ただし、そのことは、客殿の庭だけを目当てにしているかぎり、いつまで経っても気付くことができないでしょう。私も、立本寺の貫首さまによる取り計らいにより、本堂で読経を受けて客殿に入るという、本来の行程を体験することで、大庭と本堂の屋根の密接な関係性を知ったのでした。

ることによってそれがいかに巨大で立派であるかが際立つことに気づきました。日蓮宗本山の本堂の規模は、いずれも大きく、屋根の傾斜、張り出しは見事です。それ自体は、境内にいればおのずとわかることですが、客殿に入ると、否応なしに屋根の姿が目に入ります。その結果として、それら壮大な伽藍を築き、継承されてきた歴史が知らされます。つまり、その構成には、宗派の力を示す効果があったといえます。

そのように考えてみると、国の名勝・滴翠園の修理で十年近く通い詰めた西本願寺（京都市下京区）でも、同様のことがいえることに気づきました。西本願寺の境内の中心は、阿弥陀堂と浄土真宗の祖である親鸞像を置く御影堂《ごえいどう》からなります。それらの東側前方には広大な大庭が設けられており、大きな法要のさいに全国から集まる多数の信徒が移動・参列するのに十分な広さが確保されています［写真3－4・図3－7］。大人数の収容を可能とする巨大な建築群、さらには広大な大庭をみれば宗派の力の大きさはおのずと知られてきます。

大庭の南側には、国宝の飛雲閣を擁する林泉・滴翠園があります。こちらは、もともと門主の来客を接遇するために設けられたものです。かつては三層の楼閣建築である飛雲閣と滄浪池《そうろうち》（園池）、醒眠泉《せいみんせん》（湧泉）、露地に区分された庭でしたが、現代では一体化したもの

［写真３－４］　西本願寺阿弥陀堂の大庭

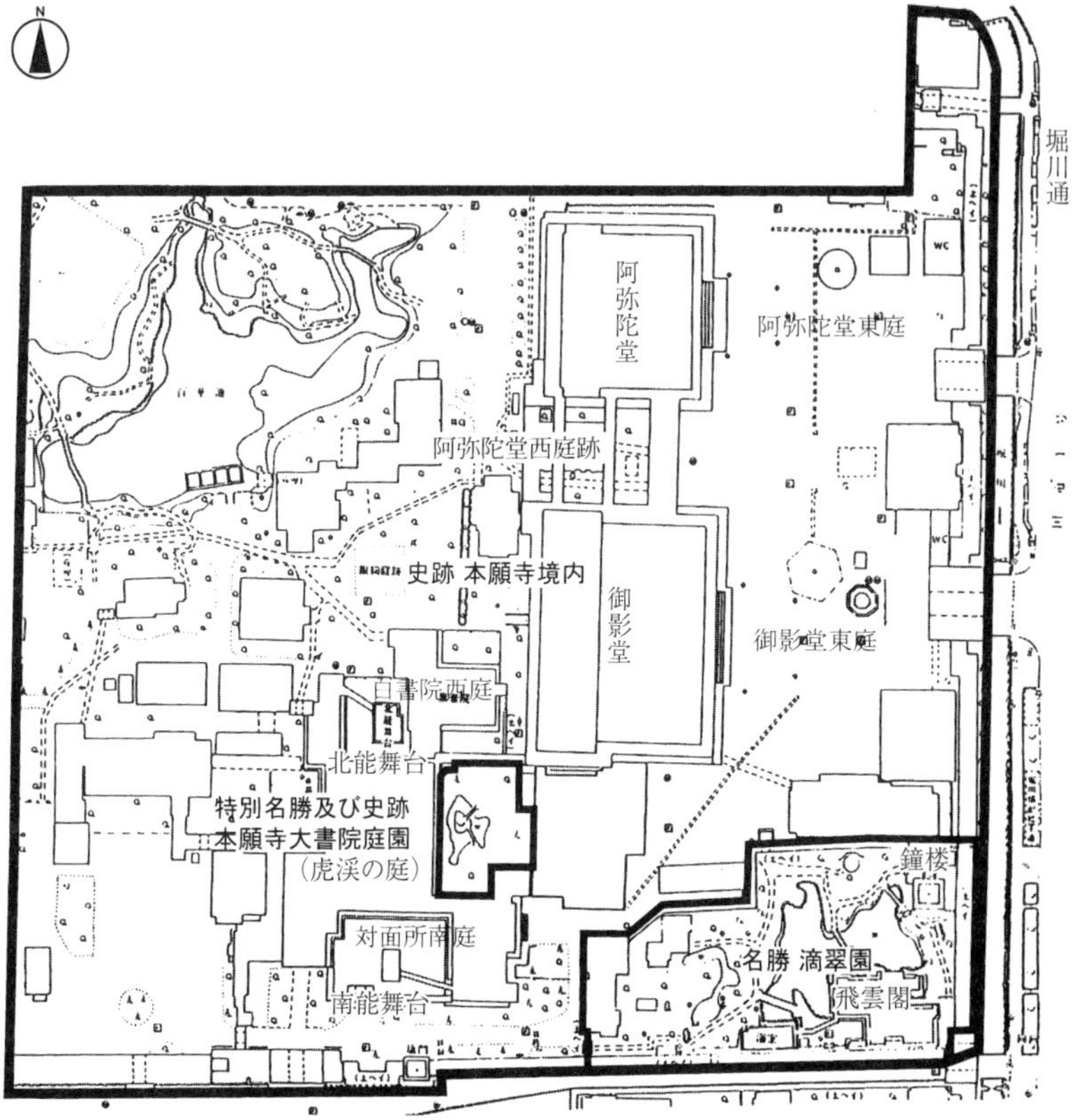

［図３－７］　西本願寺の平面図

広大な西本願寺の境内には、数多くの庭があります。京都市街地の主幹道路である堀川通（図の右側）から境内に入ると、大庭の広さと御影堂・阿弥陀堂の大きさに圧倒されます。今日では石畳が引かれていて、通常は通路として用いられていますが、報恩講などの大きな法要では、多数の信徒たちが参集する場となり、11月には複数のテントが置かれて菊花展の会場となります。大庭の南側にある鐘楼から西側には、滴翠園と呼ばれる島が築かれています。聚楽第から移築されたと伝わる飛雲閣では、毎年５月に宗祖親鸞の御誕会《ごたんえ》が行われ、茶が振る舞われます。また西本願寺でもっとも大きな室であり、報恩講では食事が振る舞われる大書院の東側には虎渓の庭と呼ばれる屋戸、その南側の大庭と北側の屋戸にはそれぞれひとつずつ能舞台が設けられています。

となっています。御影堂の裏手にある大書院も規模の大きな建築ですが、その南北には能舞台がそれぞれひとつずつ常設された大庭と屋戸があります。さらに、東側にある「虎渓《こけい》の庭」と呼ばれる枯山水の屋戸は、大徳寺大仙院（京都市北区）の屋戸と同系ですが、世情が安定して建築が戦乱で失われるおそれが薄れると同時に、技術の向上ともあいまって建築の大規模化がうながされた結果、枯滝と枯池の石組みや景石、石橋を備えた巨大なつくりとなります。これらの庭をみると、集められた石や樹々の質や量、それらの配置や構成を通して、宗派がいかに文化、技術、経済的な力をもっていたかを容易に想像することができます。

ところで私は、庭の修理のためにさまざまな宗派の寺院を訪れたさい、住職や職員の方々に宗教施設に庭が築かれてきたことの意味を聞いてみたことが何度かあります。その反応はさまざまですが、たとえ教義にかかわらずとも人々が寺に立ち寄るきっかけとなるのが庭であるとの回答を多く得ました。つまり、かつて狂言が言葉を使わなくても教義を伝えたように、人々が庭を介して宗派に関心をもち教義に触れていくのだそうです。このような宗教における庭の意義については、かなり研究の余地があります。寺院における庭づくりは、宗派への求心力ともなるという意味で、宗派のプロモーション活動の一環のようなものでした。江戸時代の寺院の経営は、幕府の支援に加えて、大名や信徒による浄財の寄付にもとづいていました。島を築くことは、宗派を信仰する建立者や支援者をもてなす気持ちの表れであったと同時に、信徒へ宗派の魅力を伝える媒体／道具ともなったのです。

5　庶民が庭をつくる時代の到来

江戸幕府による三百年弱もの間の治世は、庶民の生活を安定させ、経済力の増進をうながしました。その結果、都市に住む町衆と呼ばれる庶民の住まい（町家）に庭が築かれるようになり、城下町や街道筋を中心に日本全国でその数が爆発的に増えていきました。第二次世界大戦による火災や、その後の生活スタイルの変化によって数多くの町家が失われましたが、現代でも旧街道沿いや京都市内の一部において継承されています。

私は二〇一〇～二〇一二年度の三年間、京都と大阪の大学と連携して京都市内の民家と町家を百件調査しました。民家とは農家や漁師、林業家などを含んだ広い意味での民衆の住まいのことで、町家とはそのなかでも都市にある商工家のものをいいます。住人からの聞き取り調査を中心としたことによって、従来は知られてこなかった生業と庭の関係が明るみに出ました。

なかでも興味深かったのが、外観はちがっても町家とそのほかの民家は基本的に同じ構成がとられていたことです［図3―8］。たとえば農家の住まいは田畑との境があいまいな屋戸に囲まれています。主屋の正面は農作業などのための土間（外土間）であり、側面や裏側は草花や野草、野菜などを植える敷地に当てられています。主屋と道路との間には距離があり、山裾と田畑の間にポツンと建築があるようにみえます。それに対して京都の町家では、道路のギリギリまで玄関が張り出ていて、両面を完全に隣家で挟まれた状態にあります（ロ）。

つまり民家ではゆとりがある屋戸（敷地）のなかに建築が建てられているのに対して、町家は正面と両側が道路と隣家に接し、建築は敷地の奥のほうへと増築されていきます。よって屋戸の範囲は狭く、その用途は明かり取りと風通しをうながすことが主となります。町家内にある樹々や石造品・飛石などを濃密に配した庭を一般的に「坪庭」ということがあります。しかし住人の多くが「中庭」や「奥庭」と呼んでいたことからみると、「坪庭」とは後付けの語なのでしょう。

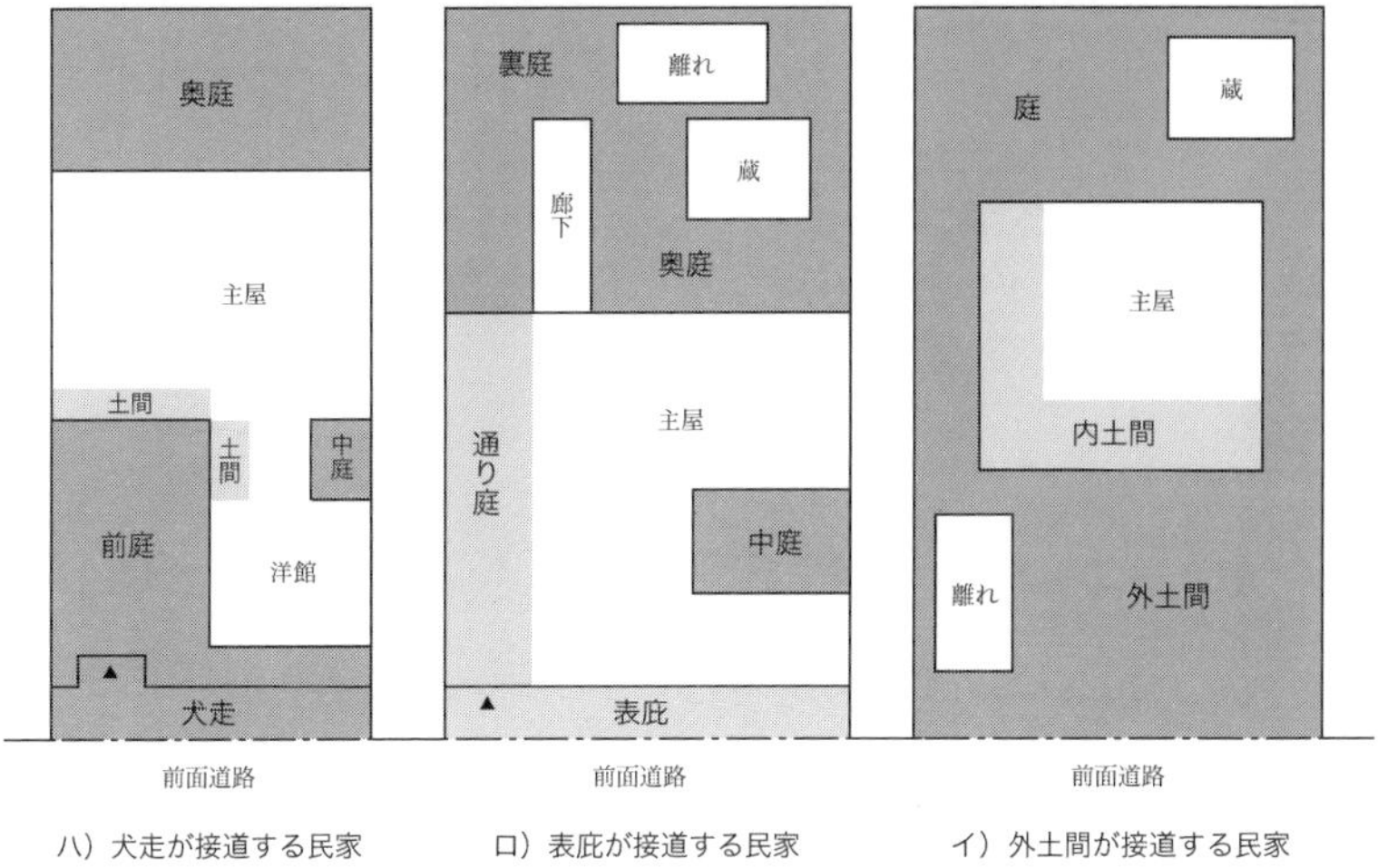

［図３－８］　民家の庭の概念図

京都の夏の幕開けを告げる、祇園祭の山鉾巡行が行われる地域には、建築学で「表屋造」と呼ばれる伝統的な都市型住宅（町家）があります。中央の図（ロ）のように、表通りに接近して玄関が設けられています。また、京都御苑の南側や旧街道筋などでは、表通りに面して高い塀をもち、その奥に玄関を構える町家がみられます。その左の図（ハ）に示されるようなものは、高塀造と呼ばれます。それらは、どちらも敷地の両脇に隣家が迫った状況にあります。一方で郊外では、農業や林業などを生業とする、右の図（イ）のような敷地に余裕をもった民家を目にします。これら３つの図で示される住まいは、それぞれ外観は大きく違っています。しかし、庭に着目すれば、立地条件により屋戸と建築内の土足で歩く範囲（土間）の使われ方が異なるだけで、住まいの構成のちがいは大きくありません。

町家は職場と住居を兼ねている場合（職住一体）が多く、道路に近いほうがハレの領域、その奥をケの領域として、前者を店舗部、後者を私的な生活の場としました。また敷地の長辺に設けられた土間（通り庭）には、店舗部と生活の場の出入り口、台所、ハレとケの領域をむすぶ通路といった多面的な用途があります。また光と風が届きにくい家屋の内奥には開口部（中庭）が備わります。家屋の奥にある主人の座敷（書斎兼客間）と土蔵（蔵）の間には、家業に影響をあたえない程度に質素ではありますが、島の様相を帯びた屋戸（奥庭）があり、その近くに設けられた廊下に沿っては風呂と便所があり、その側に縁先手水《えんさきちょうず》鉢《ばち》（手を洗うための石や金属で出来た水鉢）が据えられます。さらに敷地の末端には、米や炭置き場、茶花などを育てる菜園や物干し場として用いられる余地（裏庭）があり、茶室が置かれている場合もありました。このようなつくりはすべて、日常生活が便利になるように考えられた結果として成立してきたものです。

なお、大型町家とよばれた旧松坂屋京都店（京都市中京区／滅失）は、道路に面した広い面が店舗となっていながら、その奥に入ると敷地に余裕があり、図3－8のイに近い都市近郊の農家に似た構成でした。同じく大型町家と呼ばれる杉本家住宅（京都市下京区）の場合は、図3－8のロのように鰻《うなぎ》の寝床と呼ばれる細長い敷地をもった複数の町家が合併して成立したものとみられることから、内部は建築と屋戸・島で充たされています。つまり町家と民家の外観のちがいは住環境と生業の差によるものなのであって、庭を通してみれば互いに大きなちがいはみられないのです。

6　個別化した庭をつなぐ露地

「士農工商」の語で知られるように社会階層がはっきりと分けられた江戸時代には、住まいの特徴も階層ごとに偏ることになりました。その結果、階層が異なると互いの住まいがどのようなものであるかを知る機会は減ります。現代の私たちが武家や公家の屋敷跡を訪れても、外観など表面的なことしか理解できないのと同じことです。社会階層ごとに個別化しすぎた状況のなかで、すべての階層の住まいの共通項となったのが「露地」でした。もともと露地とは、茶事での利用を念頭に置いて築かれた通路（路地）のことです［写真3－5・図3－9］。外観の上では小さな島（庭園）のようですが、あくまでも入り口から茶室へと至る通路であることが本分で、露地を庭とする見方は、路地と屋戸が混じり合っていることに由来しています。それは、江戸時代の中期から露地が「茶庭」と呼ばれはじめ

[写真３－５]　路地の一例

上の写真は、現代の京都市郊外の長屋に設けられた路地です。江戸時代の早い時期に設けられた町家の茶室は、この図のような路地の奥に設けられていたようです。茶室は、鰻の寝床と呼ばれる間口が狭く、奥行きが長い住まいの奥に増築されました。そのため陽光は差し込みにくく、狭い路地から直接出入りしなければならないなど、恵まれた立地条件ではありませんでした。そこで環境改善の一環として、住宅部分と茶室との間に、明かり取りのためのささやかな屋戸を設け、茶室のエントランスとしました。その結果、来客は路地から屋戸へと一旦進入し、縁側に腰掛けて、その傍に置かれた鉢や桶で手や足を洗って入室できるようになったのです。この縁側は、道具置き場や、喫茶と食事との間に中立ちするときの待合としても用いられました。

左の図は、露地の完成形のひとつである武者小路千家官休庵の露地です。官休庵とは、茶家としての名であり、その中核となる茶室のことです。それぞれ成り立ちは違いますが、あえて初期の町家と官休庵の露地を照らし合わせてみると、官休庵では表通りに面した左右２つの路地の間に屋戸が配されていることがわかります。また敷地の奥のほうへ築かれた複数の茶室と行き来できるように、飛石が打たれています。奥に向かって左右方向に一定の広がりをもっている点が、町家のささやかな屋戸の意味合いと重なります。通路の間に置かれた蹲踞《つくばい》手水鉢《ちょうずばち》（地面を掘ったところに据え付けられた、かがんで使う手や口をすすぐための水鉢）や腰掛、庭門（左図では編笠門）などは、もともと建築や路地に備わっていたものが、機能を拡充しながら露地の方々に配置されるようになったものです。

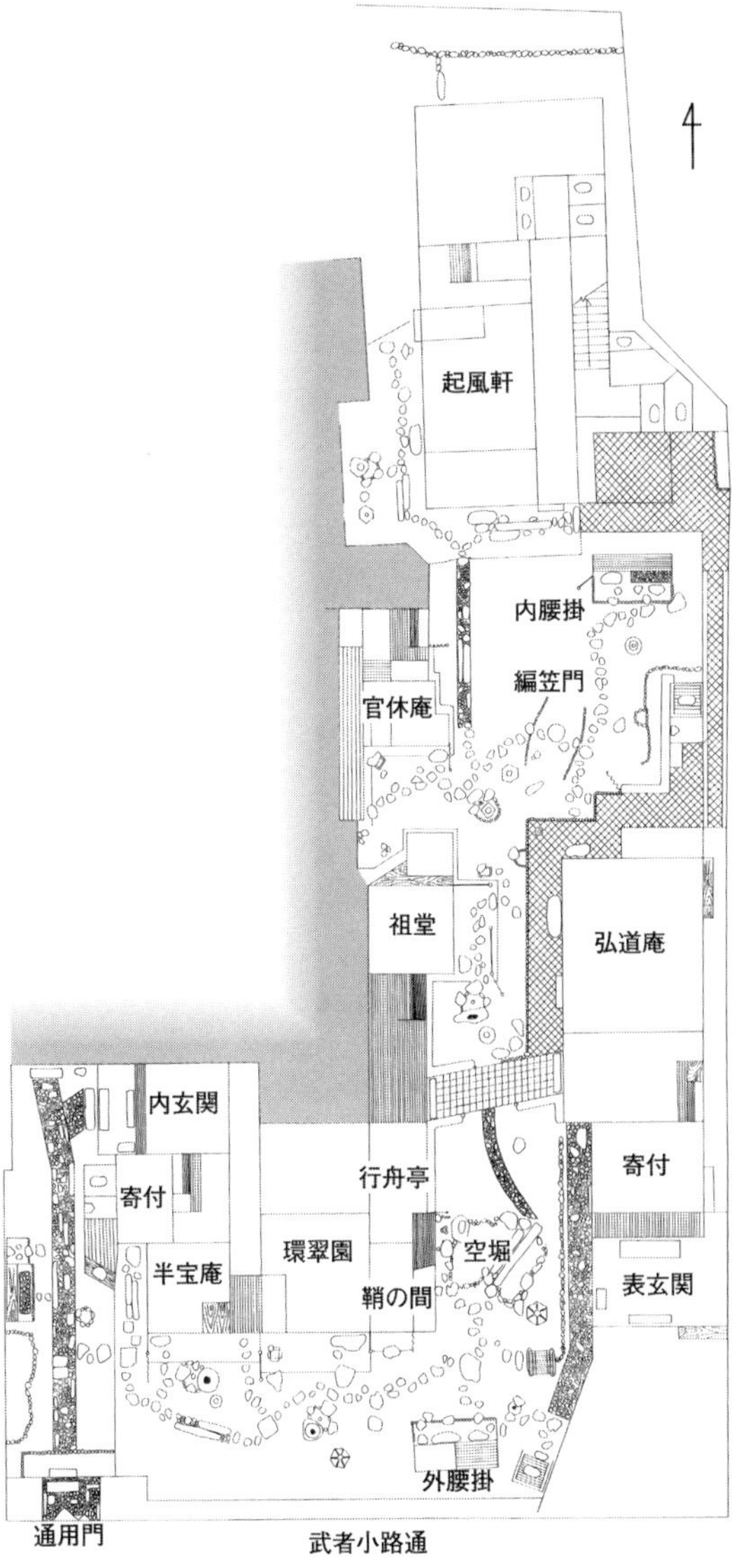

［図３－９］　武者小路千家官休庵露地

るとみられることからも明らかです。また露地の成立については、城郭のなかの茶室へと至る通路や町家の路地を元にするとも伝わります。

私は、庭師のアルバイトをしていた学生時代に、京町家の庭の手入れに行ったことがあります。間口が狭く奥行きが深い京都の町家の奥で作業するうえでは、土足で往来できる通り庭がとても便利です。しかし高度成長期になると、通り庭に床を引いて部屋と一体の台所とする物件が増えました。これは敷地の外と奥を直接行き来する機会が減ったことと、システムキッチンの導入が影響しています。私が手入れに行った町家も通り庭に床が設けられていたので、手入れをする準備として床にきれいなビニールシートを敷き、切り枝などをもってその上を通行しなければなりませんでした。そのさい、柱にぶつけることなく長いハシゴを出し入れするのが大変だったことをよく覚えています。

もともと町家の茶室は生業に差し障りのない、敷地の最奥につくられました。だいたい茶室に客を呼び寄せるのは、その家のご隠居さんなわけです。たとえ彼が功労者であっても、家族にとっては日中の忙しい時間に来客がウロウロすると気分がいいはずはありません。そこで茶室の利用にあたっては、通り庭とは別に隣地との境にできた幅の狭い路地が使われたようです。ただし古くは、茶室といっても建て込んだなかにある小さな小屋か付属屋のようなもので、出入りがしにくく環境もよくはありません。そこで路地から茶室の縁側にかけて、風と明かりを取り入れることができる小さな屋戸（余地）が設けられ、直射日光を避けるために草木を植えて緑陰がつくられるようになりました。

路地が露地に変質したきっかけは、千利休による専用茶室の積極的な利用であるといわれています［図3―10］。室町時代の後期にさかのぼると、茶の湯は多くの人々を収容できる書院の座敷で遊芸や賭けごとをともなって嗜まれていました。そのような利用が盛んになるにつれて、飲茶を楽しむことに特化した茶室が考案されます。その茶室は数人しか入れない規模で、手を洗うための水鉢や、身の回りの品を置いたり座ったりできる縁側も備わっていません。また「躙口《にじりぐち》」と呼ばれる建築への入口は、頭を床にまでつけて身体を縮めて入らなければならないほど小さなものでした。このように書院から多くの機能が削ぎ落とされたことによって、手を洗うための水鉢は露地の地面に埋め込まれて蹲踞手水鉢《つくばいちょうずばち》となり、茶会中に待機するための座席は腰掛待合《こしかけまちあい》として別建てになりました。その結果、露地には通路である以上の敷地規模と中立ち（茶事のはじめの席を終えた後、主人が後の席の準備をするため、客が中座して庭に出て、腰掛待合で待つこと）などのための機能が求められるようになり、さらに草木（前栽）が充実することで島としての性格を強めていきます。こうし

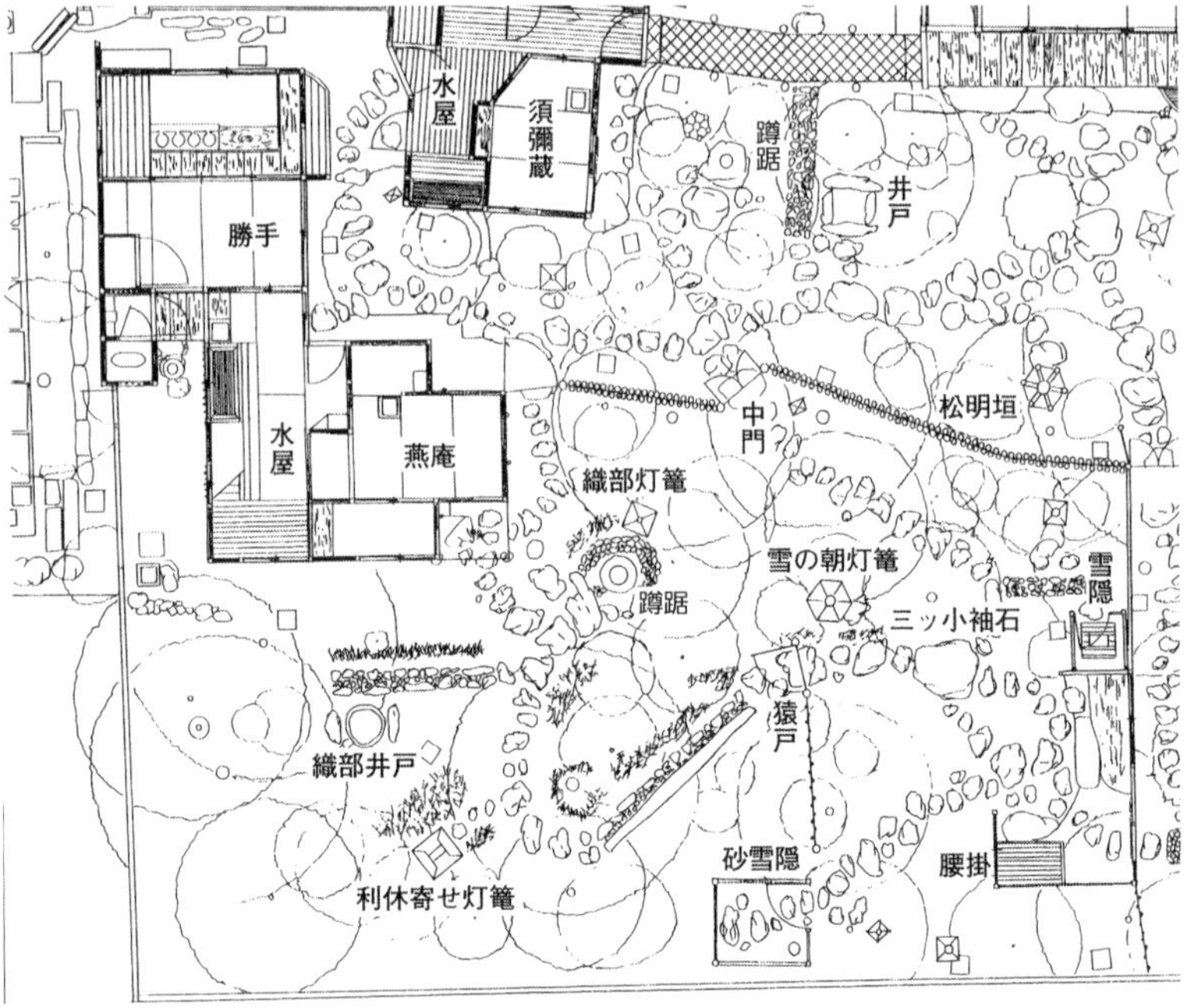

[図3—10]　藪内燕庵平面図

町家の奥にある茶室へ通じる路地と屋戸は、茶の湯が町衆の間で盛んになることにより、敷地の拡大と抜本的な環境改善が図られました。さらに茶の湯専用の独立した茶室が考案された結果、路地と屋戸は交じり合うことになります。本図の中央左手に位置する燕庵は、専用茶室です。その特徴は、出入り口を引き違いの障子ではなく、(図でいえば燕庵の右下の角に設けられた)躙口《にじりぐち》とし、縁側が備わっていないことにあります。縁側がないと、出入りがしにくいので躙上がりの石が必要となります。手洗いのための手水鉢と待合のための座席は、図中では燕庵の右下にある蹲踞、図の右下に位置する腰掛として路地/屋戸に備え付けられました。さらに、町家の敷地内に山中の庵の雰囲気を演出する「市中の山居」という考え方の広がりにより、通路には飛石が打たれ、敷地全体に密度高く植樹が施されていきました。このようにして茶室をともなう路地と屋戸は、露地へと発展していったのです。

た結果として、一般にいう「庭園」と露地の見境はつきにくくなったのです。また茶の湯を嗜んでいた者たちを中心として、たとえ茶室がなくとも町家では、中庭や奥庭を露地風のつくりとすることが流行しました。

江戸時代には、武家や貴族はもちろん僧侶までが茶の湯を嗜んでおり、それぞれの住まいにも露地が設けられました。そのことによって、社会階層ごとに住環境と住まいのしつらえは個別化していましたが、それぞれに露地が備わることで共通項が生まれたのです。

平安時代より社会には階級差がありましたが、住まいのつくりと使い方については極端な相違点と共通項がありました。それが江戸時代になると「士農工商」に代表されるように社会階層が厳密に固定しました。それにより、住まいのつくりは社会階層ごとに個別に進化（ガラパゴス化）しました。その結果、庭は同じ階層の人々の間でならうまく利用して楽しむことができても、ほかの階層との間ではほとんど理解のしがたいものとなります。さらに庭の四区分の姿かたちや規模があいまいになったせいで、平安時代以来の区分と意味を誰もが忘れ去ってしまいました。江戸時代の初期以降、ちがった社会階層の間での「相互触発」は起きにくくなりましたが、逆にかぎられた社会のなかで濃密な「相互触発」

がなされることで、階層ごとに独特で個性的な庭が育まれることになりました。

その一方で、階層を越えた共通項として露地が重要な意味をもつことになりました。それゆえに現代でも茶道を嗜んでいれば、江戸時代に築かれたどこの庭へ行っても何らかの理解の手がかりをつかむことができます。

また、露地は平安時代の建築の室礼《しつらい》と庭の動的な使い方をちがったかたちで再現しているといえます。それというのも茶の湯では、季節ごとに道具を取り替えて使ったり飾ったりしながら、庭と建築を同時に活かして使うことが求められるからです。さらに露地の利用のなかでは、茶を飲み食事や酒を嗜むと同時に書や漢詩などに触れることとなり、それは室町時代に興隆した文芸をともなう遊びや宴会にも通じるところがあります。結果的に露地は通路として出発しながら、平安時代以来の庭の伝統を多面的に引き継ぐことになりました。

第4章

庭づくりのデモクラシー

近代

1　四民平等の世にふさわしい庭づくり

明治維新をきっかけとした四民平等の世の到来は、個別化の一途をたどっていた庭づくりの終焉を意味します。振り返ってみると、庭はつねに公家（貴族）と武家（武士）といった、時の権力者の庇護をうけて築かれてきました。僧侶や民衆もさかんに庭づくりに携わってきましたが、それも各時代の政権による影響をうけてのことです。武家が庭づくりを主導する時代には、二条城二之丸御殿で決定された大政奉還を境に終止符が打たれ、各地の武家屋敷などに設けられた庭は、一部をのぞいてことごとくなくなりました。本章では、そのような庭づくりにおける受難の時代をたどります。

天皇が東京に拠点を移したことにより、数多くの公家や各藩の詰役人、さらには御用商人までもが京都から東京へと移住します。その結果、御所まわりの公家邸や藩邸の大半は空き家となりました。公家町の一部が京都御苑（京都市上京区）として保存されたことにより、旧近衛邸や旧九條邸などの「島」が残ったことは不幸中の幸いといえます。江戸幕府がどちらかといえば仏教を重視したのとは逆に、明治新政府は神道を尊重し、もともと共存していた寺院と神社の関係を引き離す神仏分離令を発しました。また上知令（土地を政府へ返納する法令）により寺社は、最低限の土地以外は召し上げられて経済力を弱められます。その結果、寺院の庭の多くが取り壊され、たとえ残ったものでも荒廃の一途をたどることになりました。一方、平安神宮（京都市左京区）の神苑のように新しく島がつくられる神社もありました。

そのようななか、二条城は離宮に転用されて、本丸に皇族・桂宮家の御殿（現在の京都御苑の今出川門の東側にあった）が移築されました。そこには島が築かれたものの、一旦竣工した後に明治天皇は自らつくり直しを命じました。芝生を主体とし、曲線の園路がめぐる起伏が少ないその島は、現代でもつくられそうな誰にとっても親しみやすいものです。後世にはさほど影響をあたえたとはいえませんが、江戸時代のものと比べて特別な技巧を施したり象徴性をもたせたりすることにこだわらないつくりは、新しい時代の予兆となるものでした。

明治から大正時代にかけて庭づくりの主導権を握ったのは、明治維新の立役者となった政治家や実業家たちでした。京都だけでみれば、薩摩藩出身の官僚で後に実業家となった伊集院兼常《かねつね》と明治の元勲と呼ばれた山県有朋のせめぎ合いから、近代にふさわしい庭づくりへの挑戦がみて取れます。

自然本来の姿に近いあり方を求めて

伊集院は薩摩藩や明治政府の建築を数多く手がけた人物で、山県も認める建設のプロフェッショナルでした。かれが京都の押小路通木屋町の南西角（高瀬川の一之船入南側）に築いた廣誠院（京都市中京区）は、主屋の開口部を広く取り、大きな庇を設けることで庭と主屋が一体となっています［図4―1］。江戸時代の武家屋敷のような重厚さはなく、細めの木材と賀茂川などから採れる石などを用いた軽やかな仕上がりです。

それは庭の技巧をみせるというよりも、街中にありながら山里の渓流を思わせる、どこかで体験したことがあるような景色を表しています。象徴性を前面に出さずつくり込み過ぎない、自然風のつくりである点は二条離宮・本丸の島とも共通しています。しかしながら廣誠院の庭には、自然の山中でみられるような滝から水溜まり、渓流へと流れる関係と、実際の水の流れる向きが逆になるという不自然な点が認められます［図4―2］。というのも、廣誠院の水の流れは、滝のほうへと進んでいるのです。ただし、それは指摘されない

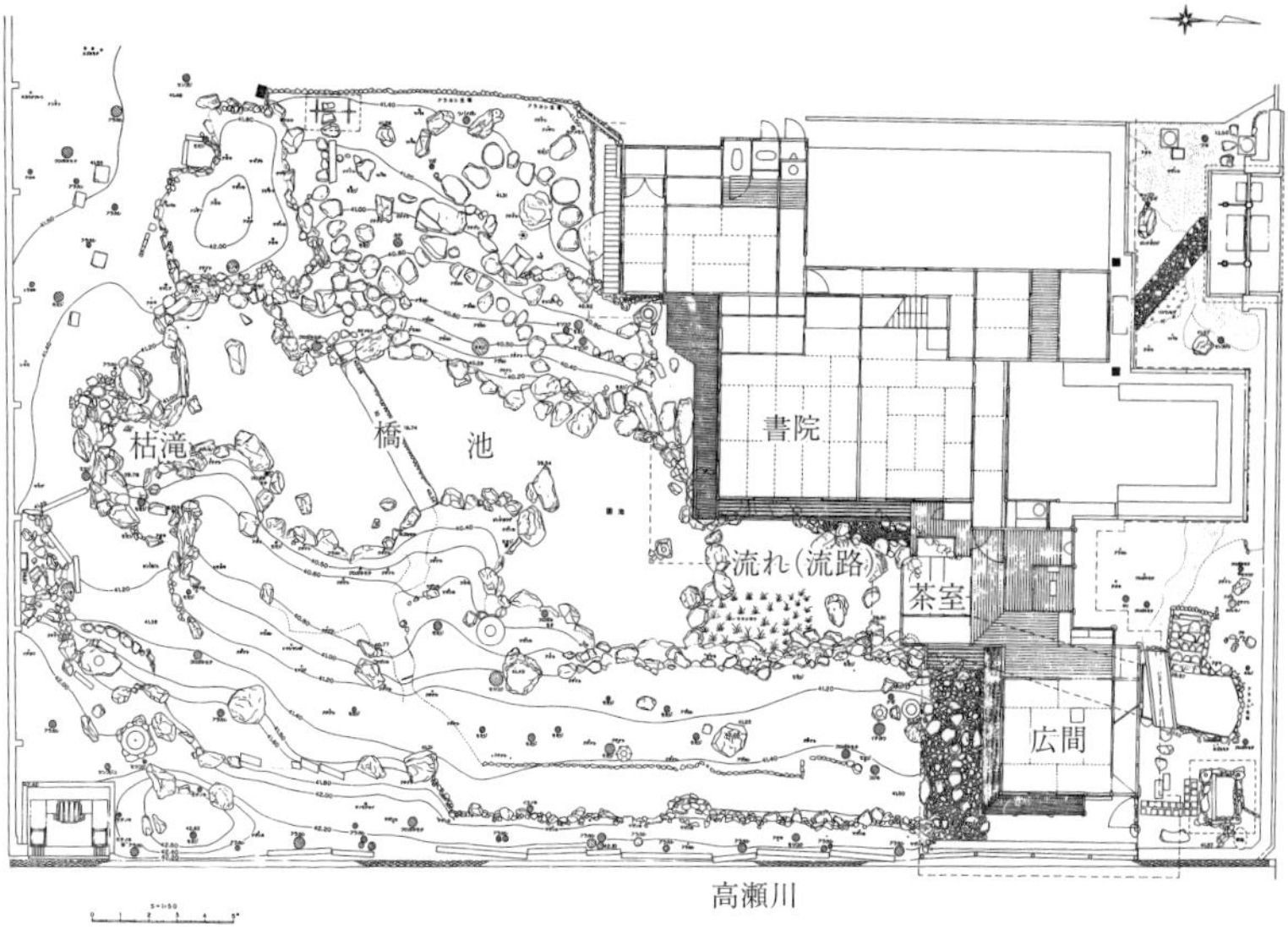

[図4－1] 廣誠院の平面図

廣誠院の庭・建築は、伊集院兼常の所有地であった1892年からの5年間に築かれたものとみられます。書院と茶室、広間に南面して島が配されています。この島の水は、高瀬川（[図4－2] 参照）から書院と広間の間にある茶室の下側を潜って流れとなり池へと注いでいますが、穏やかでほとんど動きが感じられません。そのために書院や広間から島を眺めると、水が南奥に築かれた枯滝から切石の橋が架かる細長い池を通じて、建築のほうへと向かってきているように錯覚します。しかしながら、島が作為的ではなく自然風につくられているため、北から南側（流れ→池→枯滝）に流れる実際の水の動きと島の構成（枯滝→池→流れ）との関係性が逆転していることに気がつくことすらありません。つまり江戸時代の島や林泉が数々の名所の景色を合成した非現実的なものとするならば、廣誠院の島は超現実的（シュルレアリスティック）といえるでしょう。

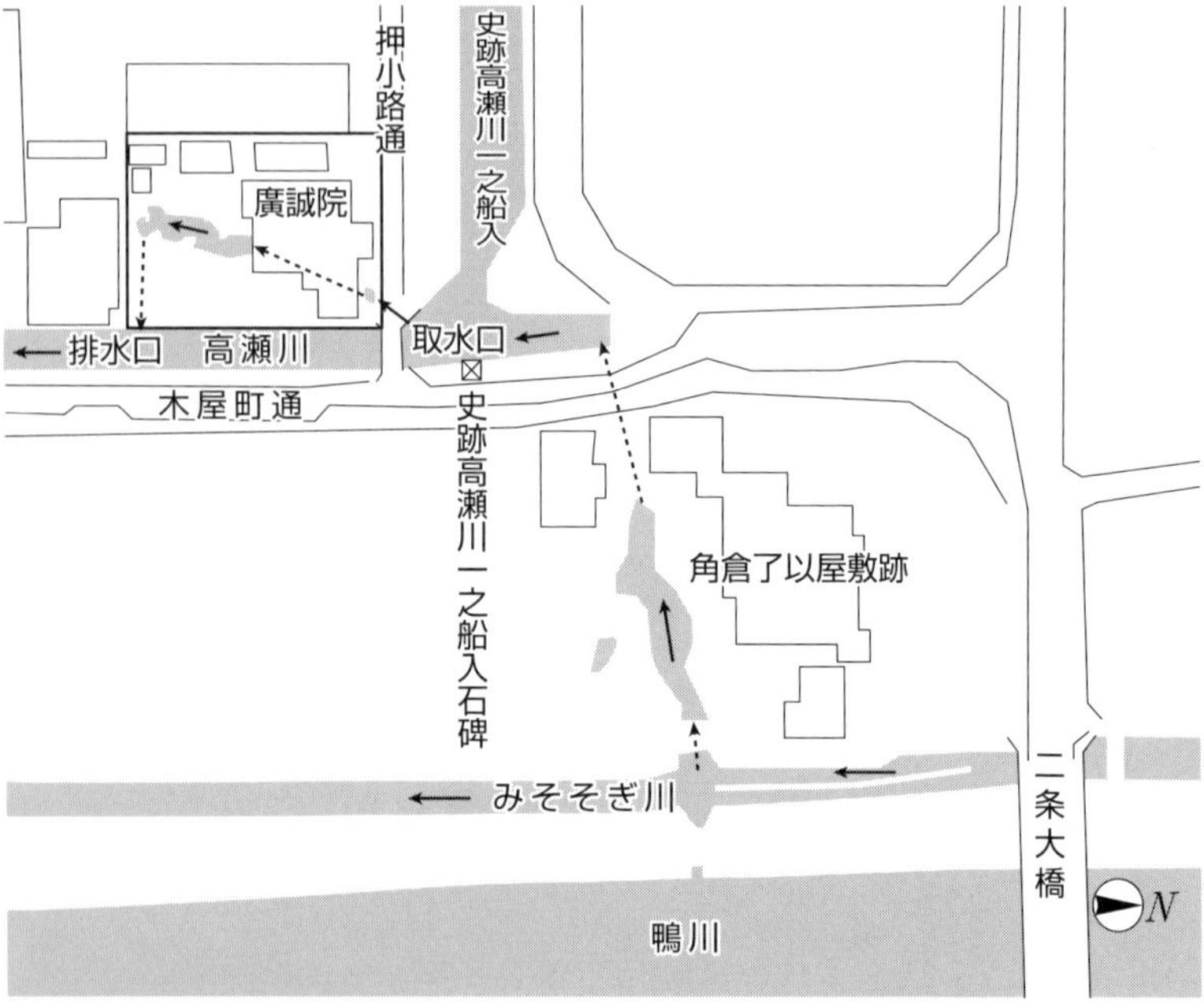

［図４－２］　廣誠院の水利用

廣誠院の島の水は、荒神橋より南側で、鴨川の西べりを流れる「みそそぎ川」から、江戸時代に角倉《すみのくら》了《りょう》以《い》が築いた運河・高瀬川の出発点である一之船入を通じて取り入れられています。この水は、さらに敷地の南端で同川に戻る仕組みとなっており、運河の支流が島の池水を兼ねている状態にあります。京都市中心部の地形には高低差があり、北から南側へ低くなっているので、川の流れはおのずと南下することになります。自然の川の水をそのまま宅地に引き入れると、大雨のさいに溢れ出す危険性がありますが、運河を利用することで余分な水が流入しない仕組みとなっています。

と気づかないほどさりげないものです。

思い返してみると江戸時代の庭は、見る人の身分を意識して石を据え、造形化した名所を配置するなど、およそ本来の自然とはかけ離れたものでした。江戸時代と明治初期の建設業を熟知した伊集院は、理解する者を選ぶ不自然な手法と四民平等の世にふさわしく誰にでもわかる自然本来の姿に近いあり方を、廣誠院の庭で両立したとみることができます。

近代京都の主流となった素人による庭づくり

一方、総理大臣を二度も経験し維新政府の軍事を長く掌握した山県の趣味が庭づくりであったことは、自他ともに認められていました。もともと山県は現廣誠院の斜向いに別荘を構えていました。日露戦争の前にはその別荘を処分して南禅寺（京都市左京区）の参道にあった湯豆腐店の跡を隠居所とするために購入し、自ら指示して林泉をつくりました。結果的に山県の軍人生命が延びた結果、そこが別荘・無隣庵となったのです［写真4－1］。

その庭は、琵琶湖疏水の水を引いて素直なせせらぎとし、比叡山からつづく東山連峰を背景とする自然味あふれた庭として仕上げられています。東山の麓で豊富な流水をもつという絶好のロケーションと合わせて、伊集院の狙い以上に四民平等の世に適応していたこ

[写真4－1]　無隣庵の庭

無隣庵の庭といえば、東面に見える山々が主題といわれることがあります。しかし、記録によると、施主である山県有朋は、多分に比叡山を意識していました。江戸時代以来、京都の庭づくりでは、実相院や円通寺、正伝寺などにも見られるように、比叡山を庭の景色へ引き入れることが意識されていました。その点においては、近代京都の庭づくりの指標とされる無隣庵も、いまだ江戸時代からの伝統を引いていたことになります。なお、現代では、山県の意志を尊重して可能なかぎり庭内から比叡山が望めるような手入れに努められています。また、世間では、この庭に関する３種類の表記が知られています。そのうち旧字体の「無鄰菴」は、所管元の京都市役所が公用しているもので、この庭の広間に掛けられた山県の自筆の扁額をもとにしています。次に、国の名勝では「菴」が「庵」となって、「無鄰庵」と表記されています。一方、図書や新聞で常用されてきた表記は「無隣庵」であり、本書ではそれに準じています。

ともあって、近代京都における島あるいは林泉づくりの指標となりました。山県は社会的地位のうえでは伊集院をはるかに凌駕していましたが、庭づくりについては引け目を感じていたらしく、無隣庵の庭を伊集院から「素人にしては素晴らしい出来」と評価されたことを喜んでいます。私は、廣誠院の庭の文化財指定、無隣庵の庭の管理にともなう指針をつくるための調査などを通して、この二人の切磋琢磨が近代京都の庭づくりに大きな影響をあたえたことを知りました。

公園の一角を担う「島」の誕生

また四民平等の世でこそ実現できたのが公園です。京都でもっとも古いものは八坂神社(京都市東山区)の裏手にある円山《まるやま》公園です[図4-3]。その敷地内にある島は、明治十二年(一八七九)に創業し二度の火災を起こして廃業した也阿弥《やあみ》ホテル(後に円山ホテル)の跡地に築かれたものです。明治から大正時代にかけて京都市議会では、東山連峰の広い範囲を公園にして海外からの客を呼び寄せようとする構想が論議され、円山公園の島はその中核に位置づけられました。山裾の滝石組から伝い落ちる軽快なせせらぎは、著名な祇園枝垂桜の手前にあるひょうたん池へと流れ着きます。動線をふくむ基本的な計画を市議会、

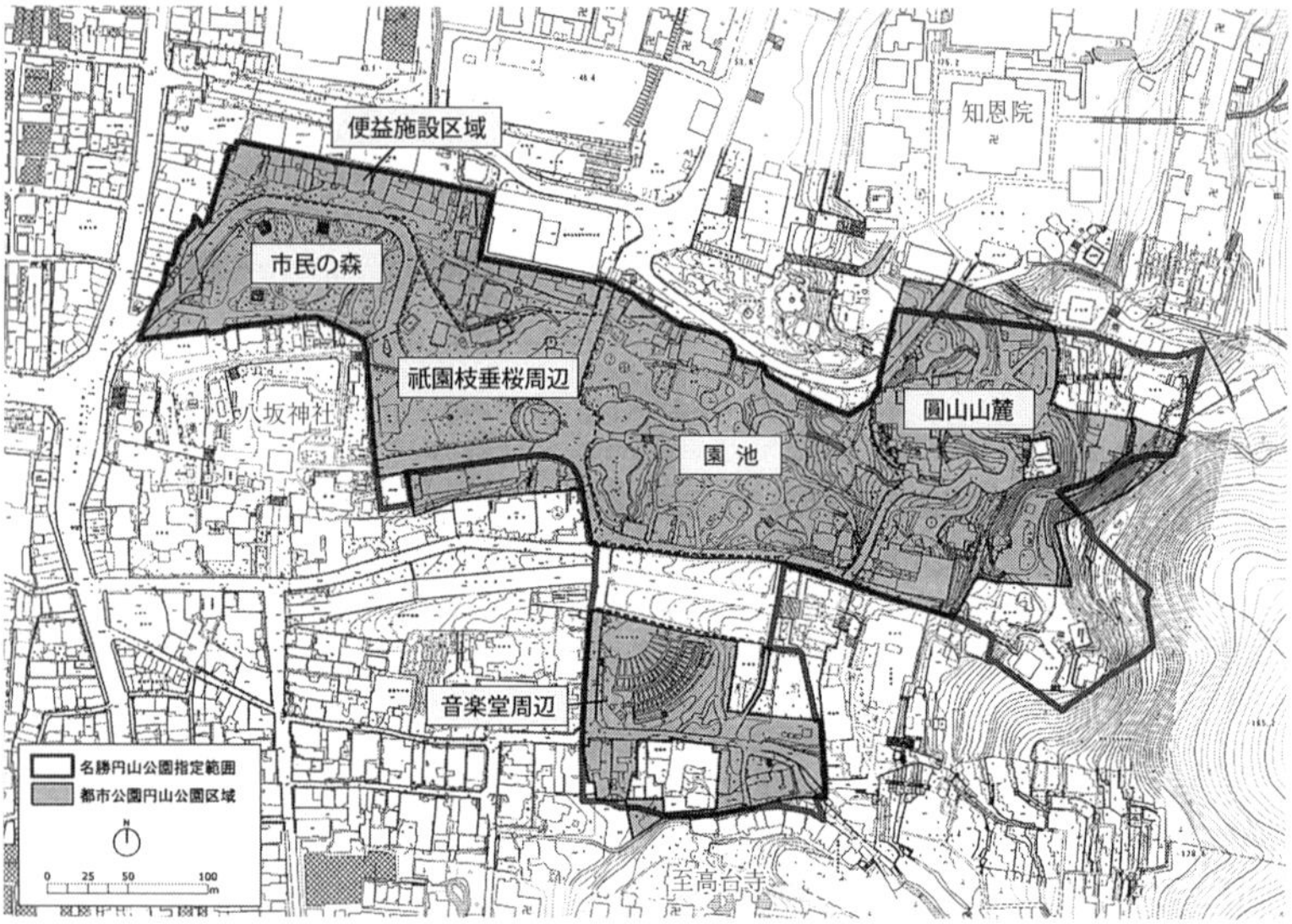

［図４－３］　円山公園の平面図

円山公園は、図の右下にみえる東山の麓から、図の左端中央辺りに位置する八坂神社にかけて、「圓山（円山）山麓」「園池」「音楽堂周辺」「祇園枝垂桜周辺」「市民の森」「便益施設区域」に分けられます。現在では、園路や流路、ベンチ、植栽などがあって整然としていますが、江戸時代は南北軸が高台寺から知恩院、そして東海道（現三条通）、東西軸が鴨川（四条河原）から八坂神社、六阿弥と呼ばれる貸し席業を営む寺院など、繁華街と名所を繋ぐ交通の要所でした。現代の姿は、大正時代のはじめから昭和初期に改修を受けた後のものです。

設計と施工監理を市役所の技師が担ったという点で民主的な庭づくりの先駆けといえます。

2　産業革命後の庭づくり

明治時代はじめの京都では、社会基盤のほころびや経済の落ち込みを食い止めようと数多くの施策が打たれます。結果的に江戸時代からの伝統を引き継ぎつつも、世界への市場の広がりや産業革命により、生産性の飛躍的な拡大が成し遂げられました。その時流に乗って富を築いた職人や商人、画家らは自邸に島や林泉をつくるようになります。

その早い事例としては、七宝作家・並河《なみかわ》靖之が自宅に築いた島（京都市東山区）がありま す［図4―4］。現在は並河靖之七宝記念館となっている旧並河邸は、敷地内に住居と工房、窯場をもつ職住一体の住宅で、作品を購入する来客を接待するための展示場でもありました。主屋は一部が園池に張り出すなど凝ったつくりで、赤や緑、黄、白など色とりどりの景石や護岸石をふんだんに使った島は来客の目を引くものでした。

また、洋紙の製造にいち早く成功して一財をなした中井三郎兵衛は、現在の京都動物園の北側に居然亭《きょぜんてい》（京都市左京区）と呼ばれる、複雑なせせらぎと大きな園池をもつ別荘を築

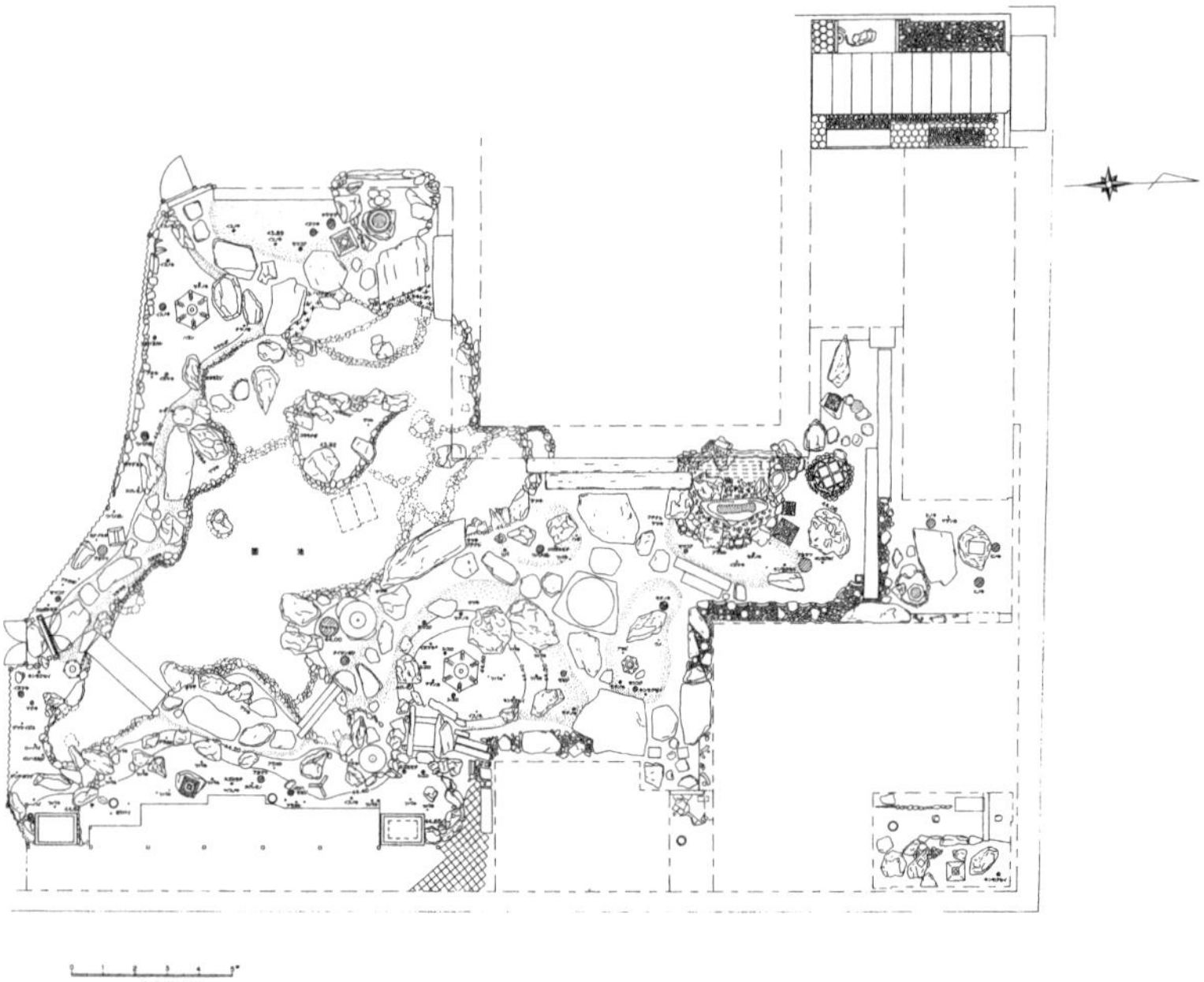

［図４－４］　旧並河家の庭の平面図

江戸時代まで庶民の住宅は、住まいと仕事場がひとつである、職住一体のかたちが一般的でした。また住居内の露地はケ向きとされ、仕事の来客に披露するような性質のものではありませんでした。それが近代以降では、住まいと職場が分離するようになります。七宝作家で帝室技芸員ともなった並河靖之の住宅は、住居と工房が一体となっていて、庭内に職人らが働く作業場と窯場、便所などが配置されていました。図の上側（西部）中央に位置する主屋は作品の展示場ともなり、図の左下側（南東部）に配された園池を背景として商談が行われたといいます。園池には、図の下側（西部の北と南端）、主屋との接点に三箇所の滝が設けられています。庭に据えられた石には、色とりどりのものが使われています。この主屋の角の一部は園池の上に張り出しており、束石（柱の下に据える石、礎石）も池中に据え付けられています。これは庭と建築に一体感を与える工夫であり、縁側の柱を極力少なくしつつ窓が大きくされることによって、相乗効果を生んでいます。

き、政治家や文化人、僧侶などを招いて宴会や茶会を開きました［図4―5］。その林泉のつくりは無隣庵の延長線上にあるもので、立場や仕事のちがいを気にすることなく楽しめる自然味あふれたものでした。現在ではその一部を残すのみです。

京都・左京区の岡崎・南禅寺界隈は無隣庵の建設を皮切りとして、居然亭など数多くの立派な邸宅が築かれ、結果的に高級分譲地となりました。細川藤孝（幽斎）を始祖とする細川家の十六代細川護立が築いた怡園《いえん》もそのひとつです［写真4―2・4―3］。この別邸は、細川家の本邸が関東大震災で被災していながら、その再建よりも先に築かれたという不思議な成り立ちをしています。

私はおおむね年に一件のペースで庭の文化財指定をしてきたのですが、その調査では成立の背景を特定することが重要となります。怡園の場合は、細川家にゆかりの寺が南禅寺の塔頭《たっちゅう》であったり、護立の娘が京都に嫁いだりなど、同家と京都との関わりは認められるものの、彼が京都に別荘を営む動機ははっきりしませんでした。実際、護立はほとんど怡園を訪れることはなく、その子である護貞が京都大学に進学したさいの住まいとなった程度で積極的な利用はなされませんでした。それなのに庭は、無隣庵に匹敵するほどの滝と池、せせらぎが設けられ、建築も立派なものです。

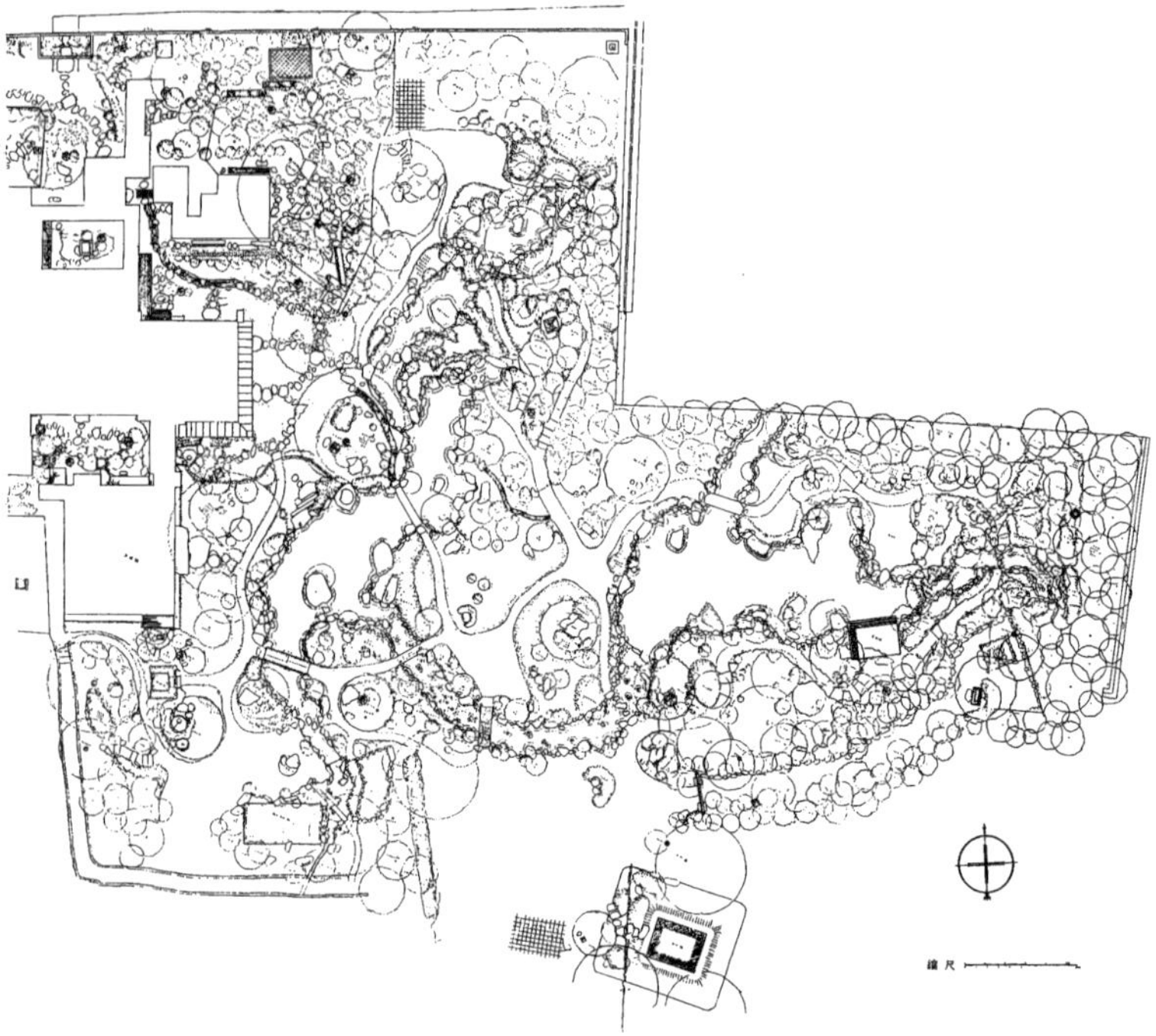

[図４－５]　居然亭の庭の平面図

江戸時代から庶民は、見栄えの良い露地や屋戸を住宅のなかにつくるようになりますが、公家や武家のように別荘をもてる身分ではありませんでした。それが近代になると、財閥に加えて事業で成功した個人のなかにも、立派な庭をもつ別邸を構える者が現れました。第四代中井三郎兵衛（中井慈眼）は、いち早く洋紙の生産・販売を手掛けることによって、大きな富を築き、本邸があった烏丸通三条の付近から離れた京都岡崎の地に、琵琶湖疏水の水を引く専用管を整備して、広大で豪華な林泉を築造し、茶会や宴会、法要を催しました。上の図では、林泉が建物を取り込んで、主として東側（図の右側）に展開し、3つの池（図の中央右側に1カ所、図左端の建築群の右側の上下に2カ所）を配していたことが確認できます。それらの池は、蛇行する園路やいくつもの築山を介して、せせらぎでつながっています。主屋（図の左端）から東山を背景とした庭が眺められ、回遊できるつくりは、無隣庵以来のものです。

資料からその真意はひも解けませんでしたが、阪神・淡路大震災以降つづく大地震をみていると、被災住宅として、長期滞在を念頭に築かれたものとも考えられます。また岡崎・南禅寺界隈での庭づくりは、世界恐慌、第二次世界大戦などによる経済の落ち込みから、怡園の建設を境にその機運が途絶えていくことになりました。

民主社会の進展にともない、今日のように幅広い社会層の人々が多様な庭に接する機会が増えていきました。その一方で、江戸時代までの庭づくりのあり方は完全に失われてしまい、旧来の庭の成り立ちや意義は忘れ去られ、平安時代から伝わってきた庭の機能と利用の意味に所有者さえも関心を示すことはなくなります。また近代以降に生まれた建設に関する学問でも、姿形が特徴的な島と林泉（庭園）の見た目や意匠だけしか取り上げず、結果的に庭の四区分がわかる人は絶えてしまいました。

今や庭に対する関心そのものが低下し、住まいにおける敷地利用の優先度は、ほぼ建築と駐車場に偏っています。駐車場も広い意味では屋戸の範囲に含まれますが、用途は単一で、見た目にも味気ないものです。生活のうえで不可欠なものとされてきた庭の伝統は、急速に失われているといってもよいでしょう。大庭や屋戸は見境なく絵画のキャンパスの

[写真４－２]　怡園の庭（主屋まわり）

京都市左京区の岡崎・南禅寺界隈で、近代に築かれたほぼすべての邸宅の池は、琵琶湖疏水の水を引いています。冬の渇水期を除き、琵琶湖から安定して供給される疏水の水は、島や林泉の池を満たすうえで理想的といえます。怡園はもちろんのこと、この地域に築かれた島や林泉の多くは、豊富な水量を前提として、多彩な動きをみせる流れ（流路）を備えています。また東山の麓の高低差を活かした滝が築かれているところもあります。琵琶湖疏水の建設は、結果的に多用な流水の表現を生む母体になったといえます。

［写真４－３］ 怡園の庭（流れ）

ように扱われて石庭が量産されています。またハレとケの区別など成立の経緯が知られない庭は、所有者にとって満足どころか負担の源となって、手放されたり取り壊されたりする事例が増えています。庭の跡は、大体の場合、分譲住宅やマンション、広大な駐車場となり、建築と自動車で埋め尽くされています。この現状を庭の歴史の視点で言い表すならば、第二次世界大戦後に生活スタイルが激変しながらも、時代の要求に合った庭づくりの指標が提示できずに停滞状態に陥っているといえます。

平安時代から江戸時代までつづいた四区分の庭の伝統は、明治維新による四民平等の世の到来により大きく揺らいだものの当時の政財界人らが新しい時代における庭のあり方を示したことにより、庭づくりの熱意は息を吹き返しました。しかし、平安時代から続く文化の継承には関心がもたれることはなく、さらに第二次世界大戦後に既存の価値観が大きく刷新されたこともあって、四区分の庭の伝統はほぼ忘れ去られてしまいました。それは私たちが庭に接するうえで「根無し草」状態になってしまったことを意味します。

第5章

伝統継承の最前線に立つ人々

現代

1　庭を通して先人と対話する――円山公園の修理現場

古い歴史の記録は、それが記された当時に現代のような価値をもっていませんでした。記録の価値は時の経過が高めていくのです。したがって、現代の出来事の記録もいずれ価値をともなっていく可能性があります。本章では、現代の庭の所有者、庭師による「生の声」の記録から伝統の最前線に迫ることにします。

なお、第2節・第3節については、聞き取りをすべて録音して、逐語録を作成し、その分析を私が行いました。文中の「　」の言葉は実際に庭の所有者らが発した会話そのものです。

第4章まで、平安時代から現代に至る庭の盛衰をみてきました。四区分の庭の移り変わりが示したように、社会事情が変わるにつれて庭への要望は変化し、築かれては改修、もしくは壊されるといったことが繰り返されています。庭を維持するためには、日々生長する樹々の枝を切りちぢめ、落葉の時期には止めどなく散乱する枝葉を掃き集めなければなりません。また、陽光と風雨にさらされ続けている石積みや築山《つきやま》、竹垣などといった工作物も定期的に修繕する必要があります。

その具体例を挙げてみましょう。私は国の名勝・円山公園《まるやま》（京都市東山区）の中核にある流れ（流路）の修理をしてきました。第4章でみたように円山公園は、京都市の夏の風物詩・祇園祭を執り行う八坂神社の山手につくられた市内最古の公園です。大正天皇の御大典にあわせて築かれた流れ［図5－1］は、これまでも何度か小修繕されてきましたが、その底のモルタルがひび割れたりはがれたりして、水は中央の一部にしか流れず、雑草がボーボーと生い茂っているようなあり様でした［写真5－1］。

修理期間中のある日、担当の業者さんから、底の修理をしてみたものの流路全体に水が行きわたらないという相談がありました。それは上流から段差（瀬落ち）を通じて流れ落ちてきた水が広がる箇所で、たしかに上流ではよく水が流れて底に貼られた石がヒタヒタと水に浸かっているのにたいして、下流の一部では水が行きわたらず、干上がった状況になっていました。単純に考えると流れの底は完全に平坦なので、水は全体に行きわたるはずです。それにもかかわらず、どうして水が一方向にかたよるのかは、相談を受けつつ私も首をひねるしかありませんでした。

そこで水流の動きと水深を観察してみたところ、水流が片側にかたよってしまう原因の

［図５－１］　円山公園・流れ（流路）の平面図

円山公園の流れは、1915年に行われた大正天皇の御大典に合わせて実施された改修のさいに、京都市の技師の設計によって築造されました。京都市役所に残る公文書（マイクロフィルム）によると、旧白川村（現在の京都市左京区）の庭師から設計見積もりが取られました。施工に当たった業者についての明確な記録はありませんが、複数の庭師集団が手分けをした可能性があります。ちなみに2017年から実施されている同公園の整備（修理）事業は、2020年に開催予定であった東京オリンピックへ訪れる海外からの来客を迎え入れることを意図して始まりました。この図の箇所を含む流れが、それまでに修理を終えます。庭づくりの具体的な記録は、近現代に至るまでほとんど残されてきませんでした。ただし、寺院の遠忌《おんき》など何らかの出来事に合わせて築造・修理されるということはよくあります。

[写真５－１]　円山公園・修理前の瀬落ち
修理以前の流れ底の状態です。底にモルタルで貼り付けられていた石が、老朽化によってはがれて、下地の土がむき出しになっています（写真中央から左下)。これは、雑草と溜まった土砂を取り除いて清掃をした後の綺麗な状態で、かつては山手から土砂が流入して溜まり、そこから草が生えて山野の小川のような景色となっていました。円山公園は、文字通り「円山」山麓の斜面地を利用して築造されています。それにより東側の山手から西側の八坂神社へ向けての勾配は、見た目以上に急になっています。同公園の流れの水は、斜面を伝っていくつかの滝と瀬落ちを経ながら、流末の「ひょうたん池」へと至ります。この写真の瀬落ちは、流れ全体からみると中央のやや西寄りにあり、池底の全体に川石が敷きつめられた見応えのある景色となっています。

ひとつは、上流の段差の位置によって、落ちる水量に差ができることだとわかりました。瀬落ちは幅のちがう自然の石で組まれていて、さらに石どうしの間には溝があり、その幅もバラバラです［図5－2］。つまり平たい板石やガラスで出来た段差から伝い落ちてくる水流ならば、均一に下段へ降りてきますが、この流れのように水の落ち始める面が不ぞろいだと、下段がいかに平坦でも水面がかたより、瀬落ちから遠くなると水が届かず、干上がった状態になります。

しばらく現場で、庭師や左官職人たちと、干上がっている箇所へ水流を導く方法について話し合っていました。すると左官職人が、実は底の一部に、水を導くためのふくらみを設けてみた箇所があるとつぶやいたのです。たしかに底をじっくり眺めてみると、わずかに盛り上がった筋によって水がいくぶんか干上がっている方向へと導かれています。その一言こそが状況を大きく好転させるきっかけとなりました。

流れの底一面には小石が敷かれており、そのなかには突起した石（横石）がいくつかあります。修理現場にいる私たちにとって横石とはデザイン的なものであって、まさか機能があるとは思っていませんでした。少し離れた位置からじっくり眺めてみると、離れた横石どうしの軸線が、左官職人の設けた底のふくらみによる筋と似通ってみえたのです。

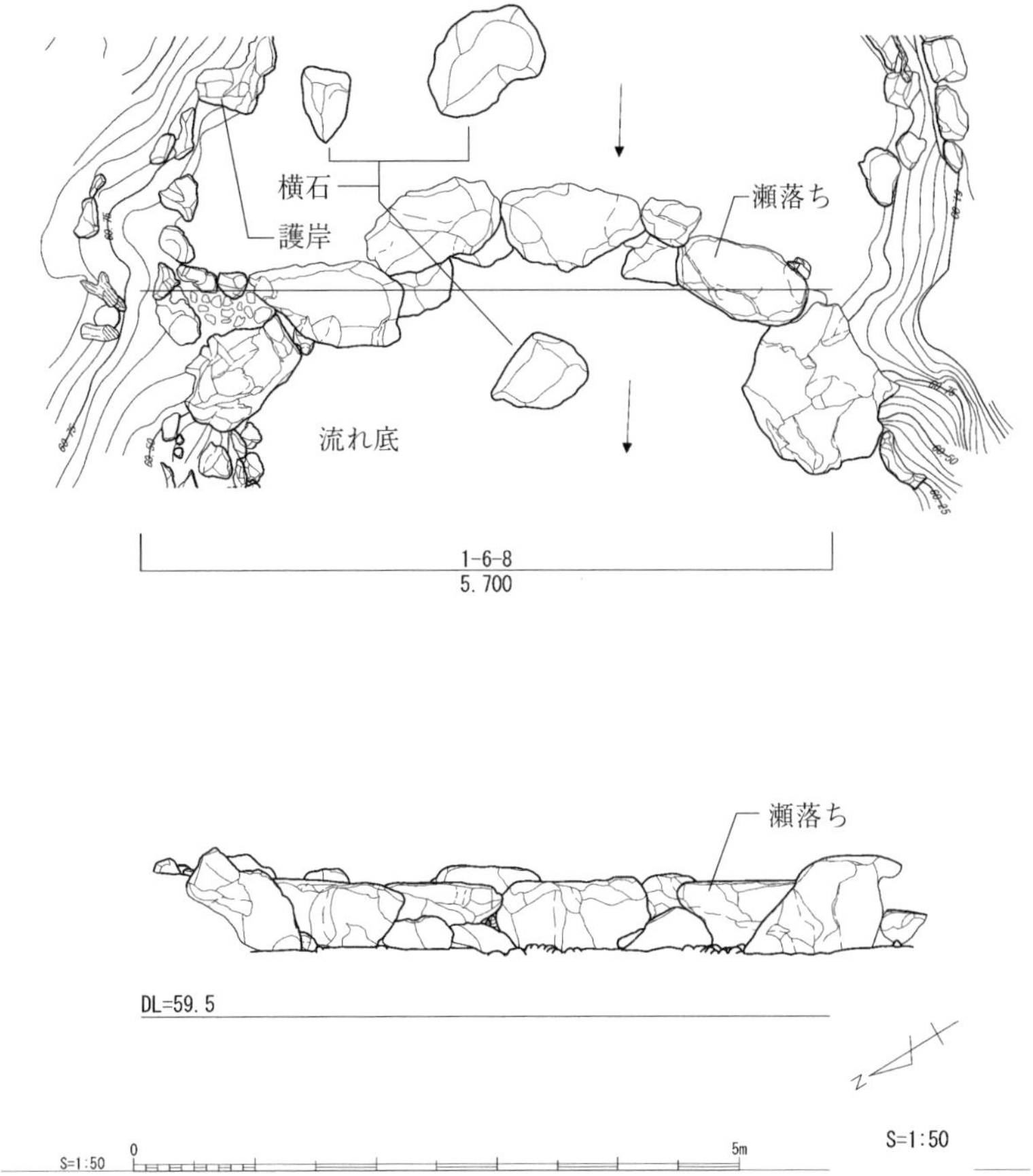

[図5－2]　円山公園・瀬落ち

瀬落ちの平面図（上）と立面図（下）です。水の流れ落ちる瀬落ちの部分では大小の川石が使われており、いかに均質ではないかを見て取ることができます。たとえ流れの底が平坦であっても、水は石が並ぶ護岸のほうへ引き寄せられるため、底全体に水を行き渡らせるためには、相当工夫しなければなりません。なお、この整備（修理）事業では、流れの全範囲に対して事前に平・立面図を作成しました。それらの図は、カメラのレンズの歪みを補正した「オルソ写真」をもとに（トレースして）線画にしています。修理後にも再びオルソ写真を作成しているため、施工の前後を比較することができます。このような記録を残しておけば、将来に必ず訪れる再修理の検討や過去の修理の検証に役立ちます。

そこで私は庭師と左官職人へ向けて、これらの横石はもしかすると、先人が底全体へ水を行きわたらせるために施した目印なのではないかと伝えました。ふつう役所の職員が業者さんにこうして問いかけても「仕様書に書いていませんが?」となりそうなものですが、この工事に関わっている職人の多くが数年来の付き合いであったせいか、ありがたくも「横石の間に土のうを置いて試してみよう!」と対応してもらえました。一時間ほどかけて何度も土のうを置きかえ、変化する水の流れ方と水深を確かめていくうちに、並行する三つのふくらみの筋によって、底の干上がりが解消されることを突き止めました[写真5―2]。そのとき、左官職人が発した「鳥肌たったわ!」の一言は忘れることができません。それから一年後に再び会ったその職人さんは、滝に近い流れの上流部でも、ふくらみの筋を設けた過去の仕事の痕跡がみつかったことを報告してくれました。

以上の出来事は、百年以上の時を経て、過去と現代の職人が、流路全体に水を行きわたらせるうえで、同じような境遇に導かれたことを示しています。自然石を伝って流れる水は人間の思うように動いてくれないので、流路に水を行きわたらせるためには悩みながら試行錯誤するしかありません。そのような悩みは昔も今も共通しており、同じ境遇にあることで似た考え方へと導かれていきます。その結果として私たちは、先人が難題を解決す

［写真５－２］　円山公園・流れ（流路）
流れ底の全体に水が行き渡るように、横石を手がかりとして土のう袋を仮置きし、水の流れ方と深さを確認している最中です。何回か試してみて、この状態がもっとも良い状態であることを確認しました。この実験結果をもとに、土のうの位置とそれが水に浸かった深さを細かく記録し、流れ底にふくらみを設けつつ川石を貼り付けていきます。ただし、実験結果を踏まえただけで底全体に水が行き渡るわけではなく、貼り付ける川石と目地の高さを微妙に調整する必要があります。そこに庭師と左官職人による絶妙な協力関係が求められるのです。

るために横石へ与えた目印（サイン）を読み取り、流路全体に水を行きわたらせることができたのです。

日常の経験を通して私たちは、同じ関心をもって行動すると、いかに時代が隔たっていても近しい境遇となって共通の発想や行為に至ることを、それとなく知っています。通常そのようにあたり前なことを想起することはありません。しかし、私たちが歴史から学んだり、伝統を受け継いだりできるのも、同じ物事の経験をすることで時代を越えて意志が通い、行為が再現されてくるという普遍的な「相互触発」が元になっているのです。

2　庭師集団による創意工夫

誤解をおそれずにいえば、庭を継承することは不毛とも思える作業の繰り返しです。残念なことに、どれほど時間と労力をかけて維持されてきた庭でも経済事情で簡単に荒廃し、壊されてしまいます。そのようにしてみれば、そもそも庭を継承することに価値があるのか、という虚無感におちいってしまいそうにもなります。しかし庭が千二百年以上もの間築かれ、継承されてきたことは、それが揺るぎない存在であることの妥当性を物語っています。また平安時代から近代までに築かれた数多くの庭が文化財に指定され、管理されつづけているところからも庭を将来に継承しようとする社会の要請がみてとれます。

ここでは、私が国の指定する庭（名勝）の管理作業で関わった庭師集団（造園会社）への聞き取り調査を通して、庭の継承の一端を垣間みることにします。この調査の協力者は、A寺の庭に従事する樋口造園の職人ら五名、B寺の庭に従事する花豊造園の職人ら三名、企業Cが所有する庭で従事する植彌加藤造園の職人ら三名です。

みんな手が一緒

まず樋口造園への聞き取りは、二〇一四年十月十八日に、A寺の庭に隣接する作業小屋内で行いました。京都でも有数の観光名所として知られるA寺では、マツの古葉をむしるのに適したかぎられた時季でも、特別拝観の時期を見越して「よく本堂から見える工作物のまわりのマツ」の作業を先行するといいます。数多くの参拝客が訪れる土・日曜日には、参拝客から見えにくい場所で作業を行うという配慮がなされています。これは職人らが自ら、寺側の都合や行事などの状況をくみ取って作業を組み立てているからであり、園路沿いなど参拝客の通行に関わる箇所にある大木の処理なども、連休に掛からないタイミングでなされます。

この庭の作業では、主任である福田さんの意向がそのほかの職人へ「トップダウン」式に伝えられています。福田さん以外の職人は「福田さんが目指しているものをみんなでやっている感覚」になり、結果的に庭の「調和がとれている」こと、つまりは「みんな手が一緒」になるといいます。主任の指示をうける職人の吉野さんによると、厳密にいえば「みんな手が一緒」であるということは、亡くなったある先輩が「厳しかったので、そういうその人の手入れを目指してみんなやっていたんでおんなじことが」できたのではないかと述べました。

「みんな手が一緒」とは、複数の職人で手分けをしてひとつの庭の手入れをしたさいに、仕上がりがそろうということです。逆に「みんな手が一緒」ではない仕上がりの庭では、不ぞろいのチグハグした印象を受けます。庭の手入れが職人仕事である以上、伝統的な工芸品が複数の手にかかっても同じ品質のものを量産できるように、その仕上がりは統一され、調和が取れていることが当然のように思えます。しかし、その実現は極めて難しく、どこの職人集団でも可能というわけではありません。

この先輩は「大きな声を出して怒るというんではない」が、行動でちがいを示す職人であり、福田さんはその振る舞いをつぶさに観察していたといいます。福田さんは自らの失敗を黙ってフォローしてくれる無口な先輩の手入れを「必死にどういう風にしてんやろって見ながら」学んだといいます。吉野さんは、そのような先輩の振る舞いについて、「結局理屈が通ってて、それを飲み込まざるをえな」かったそうです。それは、その先輩による振る舞いの結果がすべてきれいな仕上がりであったことが、ほかの職人を納得させるだけの説得力となっていたからだといいます。

庭は生き物

次に花豊造園への聞き取りは、二〇一四年十月二十六日に、B寺の近くにある同社の会議室で行いました。ベテランの長谷川さんは、毎回B寺の庭の維持管理へ入るにあたっては、引き連れた約三人の庭師に対して、場所ごとの手入れの仕方を説明します。長谷川さんによると、人員が交代してしまうと除草や掃除の仕方さえちがってくるため、メンバーはほぼ固定しているそうです。常務の山田さんによると職人を選抜する基準は、長谷川さんが培ってきた方法を「素直に聞いてやってくれる人」であるといいます。しかし時間が経つにつれて各職人の「我」が出てくるので、その都度、調整することが求められます。

B寺の庭は、広大な境内の一部でしかなく、同社は同時進行でそのほかの範囲の管理作業も担っています。

長谷川さんは「庭は生き物だ」と言います。人が築いた庭は「一年、二年放っておいたら荒廃しますよね？　荒廃したらまた自然に戻るんですけども、ですからそれをいかに荒廃しないようにやっていくかというのが楽しい」のであり、絵図や現状の姿かたちを手がかりとして「いかにその自然に、荒廃した自然ではなく、最初につくられた人の意向に沿うようにやっていくかというのが難しいけど面白い」のだそうです。ここでの「いかにその自然に」という言葉には、本来に近い雰囲気としつつ、先人の意向に沿うといった意味が含まれています。

また維持管理は「おんなじやり方で行っても毎年ちがう」ことに注意し、「季節のその年の気候とか温度によって変わるんで、おんなじような指示は出さない」そうです。長谷川さんは、長年B寺の庭の管理に従事することによって各年の環境の変化を「肌で」感じ取り、その変化をほかの庭師へ事前に説明したうえで作業に当たっています。

かゆいところに手が届く配慮

最後に植彌加藤造園への聞き取りは、二〇一四年十月八日に企業Cの庭内にある四阿《あずまや》で行いました。伊達さん（仮名）は現場代理人を務め、加藤さんは同社の経営者です。伊達さんによると、企業Cの庭は迎賓館的な位置づけにあることから「やはり現場ごとに、あの約束事ってあると思うんですけども、そちらが少し多いので、あのたとえば、水の取水の管理ですとか、やはり〔現場に常日頃から〕入っている者じゃないとわからないことがたくさんありますので、はい、そういう部分をある程度理解した者として三名」と、除草や清掃を行う軽作業員を含んだ最大五名が同庭の管理に従事しているといいます。

伊達さんはいつ来客があってもいいように「日々こういう状態を維持することができてますっていうことを実際にそういう作業の施工をしてですね、記録に残して」報告するそうです。また基本的に来客の案内は所有者サイドで担当されますが、その人数が多い場合には建物と庭に班分けし、伊達さんらが現場作業から一旦離れて庭の案内にまわることもあるそうです。加藤さんによると、この体制は「やっぱり別荘特有のものですかね。そこで所有者さんがおられて、所有者さんがゲストを迎えるというときに（中略）昔ながらの旦那さんの思いと、その思いに応えようとする庭師の心意気みたいなものの現代版」である
そうです。

以上のように同じ庭といっても各所で状況はちがいますし、庭師集団の関心と対応も集団によって千差万別です。基本的にかれらは、時節ごとの植物の生理現象を見据えながら、長年にわたる作業経験にもとづいて施主の要求に応えています。また庭全体を調和が取れた状態に手入れすることによって、庭に有機的な一体感を生むことが、所有者はもちろん、来訪者への訴求力にもつながっているのでしょう。つまり庭師らは通り一遍ではなく、それぞれの庭が置かれている人的な要求と自然条件の両面を満たし、かゆいところに手が届くような配慮をすることで、所有者の信頼を得ているといえます。

3 文化財保護の現場——所有者、庭師、そして役人の声

庭が将来へ継承されるために役所が文化財指定することには賛否両論あるかもしれませんが、一定の有効性があることは誰しも認めるところでしょう。庭が文化財になると、私のような役人も観察者や傍観者ではなく、継承の一端を担うことになります。しかし一般

的に、文化財指定された庭で所有者・庭師・役人がどのようなやりとりをしているかは知られていません。そこで私は、役人が介在した庭の継承の取り組みを知ってもらうために、七年間近くともに修理を行った関係者に聞き取り調査を行いました。

調査対象は庭が京都市の文化財指定を受けた壬生《みぶ》寺の副住職・松浦さんと庭師の片山さん、そして私自身です。インタビュアーは当時、私が社会人入学していた学校で同じ哲学系のゼミに所属していた山岡さん（仮名）にお願いしました。聞き取りにかかったのは一時間ほどでした。調査を実施したのは二〇一六年七月九日、調査会場は当該の庭に近接する壬生寺の客殿です。

インタビューの前段では文化財指定に関する京都市の制度について言及がありました。市役所の補助金を受ける場合は、年度単位となります。補助金の予算は年度ごとに決められているので、美術工芸や建造物など他分野との調整により、市内の指定・登録された約三十五件のうち数件の庭の修理に使える補助金額が決まります。修理にあたっては、庭師を交えた現地打ち合わせを事前に重ねて計画を具体化し、書類手続きを経て修理を開始します。

庭師の片山さんは、私とはじめて会ったときのことから語り始めました。もともと壬生寺の枯池の石組は「勝手に生えたぼさぼさの木〔実生木〕」が伸び放題でした。そこに突然現れた役人の私がそれらの樹々を伐採するように提案し、片山さんは半信半疑でそれを実行しました。しかし本心では「いーんかな？」という否定的な気持ちでした。そもそも片山さんは庭仕事とは長年の経験の積み上げによって説得力をもつものだと考えていたので、第三者が突然侵入し作業内容にとやかくいうので「何じゃ、こいつは！」と反発心をもったといいます。

　そのようななかで副住職さんはどうであったかといえば、役所に対して「もう言葉悪いですけど、はっきり言ってね、丸投げやったんですよ」といいます。文化財に指定された庭は、「第三者」の役人である私の「冷静に見ていただけるところ」を期待して、寺としては、私の「指導」に従おうとしていました。そのように思っていたなかで役人から「庭が壊れな」くなる手法が助言されることによって「こんなん、ええんちゃうかな」という要望を口にできるようになったそうです。

　何年か修理が進んだ後に、壬生寺では庭の公開を始めました。副住職さんは、自らの寺院の庭を「公開するようになってから、よその庭が気になるように」なったそうです。さらに庭が「見られるから恥ずかしくないようにしよう」とする「見栄」が生じてくるのですが、それは「もっと高いところへ行こうという自分の気持ち」、来訪者に「庭をよく見せたい」という要望の表れといえます。私はその要望が継続することを聞き取り調査のなかで「スパイラルができる」と形容しており、そのほかの庭でも同様の状況になると好循環が生まれるという体験を重ねてきました。

役人側から変化をうながされたことに対して、「最初はものすごく抵抗」していた片山さんですが、スパイラルが「目に見えてわか」るきっかけがあったといいます。片山さんがしかたなく実生木を伐採していると、それまで枝葉で遮られていた太陽の光が庭の地面にまで入り込むようになり、築山の陰影がはっきりと意識できるようになったといいます。その結果、従来片山さんが目指していた「今のかたちのまま現状維持」をするだけではなく、築山上の苔の衰退や凹みなどの修理が必要と思えるようになりました。さらに築山を部分的に修理した結果、「ここの住職さんも、私〔片山さん〕を含めて絶賛しまして」、何回にもわたって庭全体の修理が行われていくことになります。

このように所有者の「要望」と庭師の「確信」、そして補助金による修理費用の裏付けによりスパイラルが連動しつづけるようになると、私が意見をすることはかぎりなく減ります。その結果、片山さんには「やっぱりしっかり仕事しよう」という思いが高まり、副住職さんは作業の経過によって「わくわくした」気持ちになったといいます。

庭が文化財に指定されると、条例など制度の下に置かれ、所有者と庭師はその遵守を意識することになります。かれらは制度にもとづいた管理のあり方を熟知しているわけではないため、専門家や役人ら第三者の意見に依存する場合があります。そうなると所有者と庭師はおのずと無関心、無感動となりかねません。いわば所有者らに「丸投げ」の意識を生じさせている一因は制度であり、役人の働き方次第では所有者らを消極的にすることになります。


私が最初に支障木の伐採を提案したことによって、壬生寺の庭で長年続いてきた予定調和は一旦乱れましたが、所有者と庭師にとっての主体性が回復するきっかけとなりました。所有者が庭の変化に感動し、多くの人々の目に触れて評価を得ると、それに触発されて修理が継続されていきます。その評価は修理を実施している庭師への評価でもあるため、両者はさらに新しい触発を受けて、庭の継承を主体的に楽しむことができます。そうなると所有者たちが逆に役人を触発して、もっと庭をよくしようと要望することにさえなります。

以上の調査結果を通してみれば、スパイラルの正体とは、所有者と庭師が主体的な態度に立つことによって得られる充足感が多重に触発を繰り返すことといえます。つまりスパイラルの原動力とは、所有者と庭師が主体的に庭と関わり合うなかで生じる感動なのです。それを継続するためには、来訪者や役人などによる触発がかれらの要望を増幅して新しい取り組みの実践につながり、庭が自他ともに認める評価を得るといった出来事の循環が求められるのです。

第5章では庭の仕事が人と自然、事物とのさまざまなかたちでの「相互触発」によって成り立ってきたことをみてきました。この「相互触発」とは、簡単にいうと私たちの日常生活における、庭を介したコミュニケーションのことです。これからの庭のあり方を考えていくうえでは、庭が日常生活における多様な「相互触発」の場となってきた歴史を振り返ることが大切です。

残念ながら、これまで現代の世の中にふさわしい庭のあり方が明確に提示されてきたとはいえません。それはまさに歴史と真摯に向き合っていない結果によるといえるでしょう。しかし、それでも先人が残した庭を継承するために心血を注いでいる人々がたくさんいることからみても、庭の文化が続くことへの情熱と希望は失われることなく息づいています。

終章　庭の歴史と現象学

1　届かない日常生活の声

　これまで平安時代から現代までの庭の歴史をたどり、第5章ではまさに現代に生きる人々による庭仕事について取り上げました。このように歴史上の事柄と現代の出来事をつなげる展開は誤りだと指摘されるかもしれません。それは、過去と現代では人々の生活のあり方も社会背景も異なり、ましてや現在進行中の出来事は史料のように客観的なものではないというのが最たる理由でしょう。あるいは歴史を時代ごとに分節し精査する学術的なルールに沿っていないことを、疑問に感じられるかもしれません。

　しかし、私を含む実務者の経験からいえば、第5章で述べた円山《まるやま》公園の事例でみられるように、過去と現代との間で事の行いにつながりが見出されることはよくあります。現場の見方では、過去と現代の出来事を別物とする考えのほうがよほど不思議に思えます。なぜ現場の実務と学術的な見方とでは、互いに接点をもちながらも意見のちがいがみられるのでしょうか。

　日本では、明治時代に西洋から「近代的な学問」の方法が本格的に導入されました。その黎明期にたくさんの美術用語が生まれたように（佐藤道信『明治国家と近代美術』吉川弘文館、一九九九年）、伝統的な物事を説明するのにも近代的な学問に適した考え方が模索されます。西洋にも庭はありますが、日本特有の事情を踏まえつつ検討された近代的な学問の対象こそが庭ならぬ「庭園」だったのです。

近代的な学問の分野としては、庭園が土や石、植物からできていることからみて、理系の農学部や園芸学部に振り分けられることになります。こうして「庭園研究」は、物体としてのつくり、あるいは空間の性質を探究することが主旨とされました。その一方で「人間」については、庭園の創造主（作庭家）あるいは庭園を見る物体として位置づけられ、人々が日常生活の物事を通して重ねてきた、日常生活レベルでの歴史と人間の精神性に対する関心は極めて薄くなります。このことは誤解を恐れずに言うと近代的な学問の全般に通じています。

現代に至っては、文化財に指定された庭の修理内容や手法の決定を、庭園研究の専門家に諮ることになっています。長い歴史をもつ庭は改修を経ている場合が多いため、修理のさいに目標とする時代を議論することがよくあります。ここでは仮に、庭園研究のうえで江戸時代のはじめにつくられたとする庭を、その頃の姿に復元すべきといった意見が出されたとします。修理が始まってから詳しく調べてみると、この庭はかつて塀や柵で三分割されていましたが、近代の改修でひとまとまりのかたちとなったことがわかりました。また古絵図によると、かつては桜がたくさんあったようですが、今は一本も残っていません。現代の便益を考えると、仕切りを戻せば回遊に差し障りが出ますし、桜を植えれば害虫による被害が心配されます。

庭を所有し管理する側としては、江戸時代のはじめの状態に復元することは決して望ましくありません。ところが庭園研究の見解を尊重するべきだとして復元を求める意見が根強いと、調整が暗礁に乗り上げてしまいます。その結果、修理は何年もの間中断することになります。以上のことはたとえ話ですが、庭園研究の影響により日常で庭を使う人々の声が届かなくなることは度々あります。実務者としては、その度に物事が進まなくなるので困惑します。

ここで生じている問題の要点は、庭園研究の考え方が日常生活の実情と折り合いがつかないことです。日常生活の要請は社会の背景や経済の事情にもとづいているのに対して、近代的な学問の考え方は、たとえ史料や調査データにもとづいていたとしても各分野の集団内における取り決めの範囲を出ません。庭が修理にともなって最初につくられた頃の状態を取り戻すことは、庭園研究のうえでは理想的といえます。しかし、その作業の費用対効果や所有者らの満足度などは、必ずしも考慮されていません。それは、近代的な学問が日常生活の雑事に関心を払っていないことの表れともいえます。

日常生活の実態と近代的な学問の関心が根本的にちがっていることは、本編でみてきたように庭と庭園という同じようなことを取り上げながら、それぞれのもつ意味の内容がまったく異なっていることにも表れています。「庭」は平安時代の以前から現代まで日常生活の要請を受けて引き継がれてきた語であるのに対して、近代の造語である「庭園」は、多分に庭園研究の影響を受けています。それぞれ成立の背景と社会での受け入れられ方がちがうので、含まれる意味合いも異なってくるのは当然です。とくに庭園研究で教えられる「庭園」は、多様な庭から分野の定義に合う造形的な特徴をもつ要素だけが取り出されており、歴史を通じた日常生活の声を反映しているとはいえません。「庭園」の本で、大庭の石庭と林泉といった本来なら性質が異なる庭や露地の成り立ちが同一のものとして語られることは、まさに日常生活の声に耳を傾けていないことを裏付けています。

2　近代的な学問がもたらす歪み

今や数値化や類型化に重きをおく近代的な学問の考え方は、本やインターネットを通して日常生活のあらゆるところに介在しています。社会的にも絶大な影響力をもつようになりました。多くの人々は、日常生活の出来事と近代的な学問の成果とは地続きにあると信じています。しかしながら近代的な学問では、もともと日常生活レベルでの多種多様な出来事に関心を払っていないことを表立って一般社会へ示してはいません。その結果、近代的な学問を通すことで日常生活の声が反映されにくくなることが、ほとんど気づかれていないのです。

そもそも近代的な学問では、日常生活の出来事よりも分野ごとの取り決めのほうを優先します。アメリカの哲学者であり科学者であったトーマス・クーンは、その取り決めのことを「パラダイム」と呼びました（『科学革命の構造』みすず書房、一九七一年）。クーンによると、あらゆる近代的な学問の考え方は「パラダイム」に縛られており、そこから結論も導かれていくといいます。しかし、新説や新発見が発表されると、時折「パラダイム」に変化が起きて、従来の学説が意味をなくして新しい議論へと移っていくことがあります。世の中の認識や価値観が大きく変わることを「パラダイムシフト」あるいは「パラダイムチェンジ」といいますが、そもそもはクーンが考え出した概念にもとづいています。ここでは学問上の取り決めを、クーンが『科学革命の構造』に対して寄せられた批判により「パラダイム」から言い替えた「専門母型」と呼ぶことにします。

「専門母型」は、それぞれ学問の分野ごとに成り立っているので、横断的に共通の理解が図られているとはかぎりません。たとえば同じ住まいを取り扱う庭園学と建築学の両方を学ぶ人はいても、分野間で「専門母型」の足並みをそろえるやりとりは行われていないのが実情です。むしろ「専門母型」は、分野の間で不可侵とされている傾向があるので、同一の出来事を取り扱いながら、見解が異なることは少なくありません。

これは実際あった事例であり、私がある庭の築山《つきやま》修理に携わっていたときのことです。その築山は、自然の山の岩盤を削ってできています。長い時間をかけて降雨にさらされ枯葉や塵などが積もり、表面がデコボコになって苔が付きにくい状態となっていました［写真終―1］。そこで、積もった表面の土を取りのぞいてみると、岩盤から流れ出した土砂が築山の下に配された園路へ大量に堆積していたのです。

［写真終－１］　やせて歪なかたちを呈した築山

私たちが島や林泉を訪れるとき、常に築山は同じ状態にあると感じるかもしれません。とくに建物から眺めるだけなら築山はひとつの風景に溶け込んでいて、それがどのような状況にあるかに気づくことはないでしょう。しかし、長く歴史を経た庭ほど、樹木の根がはびこり、その周りを雨水が伝って、築山の表土は流れ出ていきます。その上に樹木の枝葉、チリや埃が堆積することによって、築山の表面はデコボコ状態となり、見映えが悪くなります。このような状況は、日陰で苔や芝が生育できない土地であるほど、よく引き起こされています。

私は出入りの庭師さんと相談をして、荒れた築山の表面を文化財修理で実績のある配合土によって被覆することを所有者側へ提案しました。すると所有者に助言をしている庭園研究の専門家から、流出した土を拾い集めてそのまま再利用するべきという意見が出ました。たしかに伝統的な建築の土壁の土などは再利用できます。しかし地質学の専門家に相談すると、何千年から何万年もかけて堆積した土でできた岩盤と人の手によって打設したり配合したりする土の層は、顕微鏡レベルでみると、断面の構造がまったくちがうといいます。両者は圧縮され締め固まる行程も力のかかり方も根本的に異なるため、粘土のように元どおりになる性質（可塑性）がないかぎり、流れ出した岩盤の土は決して元に戻りません。ここに実務者の声と「専門母型」の考え方との間で折り合いがつかない構図が表れています。

実務者としては、工期が計算できて確実に修理が終えられる材料と手法での修理を望みます。一方、庭園研究の専門家の観点では元の素材を再利用することを求めますが、地質学の見解ではそれが困難だといいます。それら三つのことをすべて満たそうとすれば、修理は暗礁に乗り上げてしまいます。ここでの問題を引き起こしている根源は、日常生活の声と「専門母型」の考え方が別の立ち位置にあること、そして二つの「専門母型」が異なった論理を展開していることにあります。

そもそも実務者の考えは、日常生活で直接経験した出来事から出発しているので、所有者のスケジュールや懐事情などが念頭に置かれています。それに対して「専門母型」の考え方は、それぞれの分野で研究された結果や論理をもとにしています。実験や調査のレベルでは直接経験にもとづいていたとしても、それら学問の考え方が修理にともなう直接経験に寄り添っていないため、食いちがいや矛盾が起きるのです。

このように直接経験から出発している日常生活の出来事と「専門母型」の考え方は、無条件に共通するものではありません。それは科学技術が実用化されるさいには、必ず直接経験による実証実験が不可欠であることからも明白です。しかし、元はといえば近代的な学問の研究も、直接経験から出発しているではないかという批判が予想されます。話が広がり過ぎるので、ここでは庭や住まいに関する事柄に的を絞ると、それらの学問では研究段階になると、直接経験を「空間」といった抽象的な概念や数値などのデータに変換します。それは猥雑で生々しい日常生活から身を引き離して、客観性を得るための手段といえるものです。しかし、そのせいで研究の成果は、文字通り地に足が付かない「根無し草」状態となり、日常生活との縁を断ち切ってしまうことになるのです。そのような学問の立ち位置は、日常生活の現場と土俵がちがうというよりも、むしろ神棚に乗っているような状態（上空飛行的な視点）なので、現場の声を受け入れるには不向きといえます。

3 日常の声に耳を傾ける学問の手立て

以上のことからみて、日常生活の声に耳を傾ける学問は、近代的な学問のように上空飛行的な視点からではなく地に足を付けた状態で、一貫した妥当性を示すことが求められます。いったい、そのようなことが可能なのでしょうか。近代的な学問分野のなかでそのような提言をしても、「専門母型」に沿っていないと一蹴されるだけです。それゆえ、まずは分野の外へ身を置かなければなりません。それは、研究集団を抜けて慣れ親しんだ研究の手法を捨てることにもなるので、なかなか勇気がいります。これまで日常生活の声に耳を傾ける学問が行われてこなかったのは、まさに「専門母型」からの離脱の難しさがあったからでしょう。私の場合も相当の葛藤がありましたが、「事象そのもの」をみつめる哲学である現象学に頼ることで、「庭園」の「専門母型」から身を引き離して、日常生活の声に耳を傾ける学問の手法を検討することができました。まさに本編はその成果を示したものです。近年の現象学では、医療や看護などを通して哲学と実務をつなぐ研究（現象学的質的研究）がなされており、私も強い影響を受けています（そのような研究の成立事情や方法については、現象学の専門家による『医療ケアを問いなおす』〈榊原哲也、ちくま新書、二〇一八年〉などのご参照をお勧めします）。

以下、おおむね現象学の祖である二十世紀ドイツの哲学者、エドムント・フッサールの言ったことを私なりにかみくだいて述べます。日常生活の声をくみ取るといっても、単に生活の出来事を聞き取るだけでは手記やエッセイでしかありません。研究である以上は、普遍性や客観的な妥当性が求められます。しかし、人々の振る舞いを客体的に見たり、そのことを数値に置き換えたりして、わざわざ日常生活との縁を断つわけにはいきません。少しややこしい言い回しになりますが、ポイントは日常生活の出来事そのものに執着するのではなく、物事の手前で起きている私たちの意識の働きを探ることです。

具体的な例でいえば、私たちが天龍寺や二条城二之丸の島を眺めると、石が連なって見えたり【写真2－2】（第2章）、こちらを向いて見えたり【写真3－2】（第3章）します。そのような経験は私たちの意志によるものではなく、気づいたときにはそうなっていたという性質のものです。もちろん一定の条件はありますが、人々に共通するその普遍的な経験は、日常生活の出来事に先んじています。ここで物事の「手前で」「先んじる」というのは距離や時間のことではなく、日常生活のあらゆる振る舞いにおける先天の大前提を示しています。現象学やプラグマティズムなどの哲学、生態学的知覚論や動物行動学は、このような「先験的といえる次元」を解き明かしているのです。

私たちの日常生活では、呼吸や飲食をし睡眠を取らなければならないといった当然のことと、先験的なことがあいまっています。人類の生活に共通している基本的な事柄と先験的な次元のことを念頭に置いて研究すれば、おのずと普遍性や客観的な妥当性が得られてきます。ただし、研究で得られることは客観的であっても、研究の当事者は神棚の上から物事を客体的に見ることを避けなければなりません。むしろ日常生活での態度と同じく主観的であることが求められます。ただそれは、自己的あるいは経験論的にといった意味ではありません。本書では、一貫して「私」という一人称を用いていますが、それも日常生活では誰もが主観の下にあることを示しています。

庭仕事には、第5章で述べたように所有者と庭師、さらには私のような役人など数多くの個人が参加しています。そのとき、誰もが自らの主観によって直接経験したことを素直に受け入れて実行しています。日常生活のなかでは、わざわざ物事を抽象的かつ無機質なものに言い換えるという不自然なことをする必然性はありません。つまり日常生活の世界とは、おびただしい数の個人による主観と主観の間（間主観《かんしゅかん》）で成り立っているといえます。日常生活の声をくみ取る学問とは、たとえば庭づくりに関わる人々同士による主観と主観との網目によってすくい上げられる、普遍性や客観的な妥当性を解明するものです。「間主観」、この耳慣れない言葉に、戸惑いを覚えた方もおられるかもしれません。ところが、それは普段の私たちによる対人関係そのものであり、日常生活を送るうえでの大前提なのです。実際のところ日常生活においては、自と他はおろか客観もありません。ただ、私とあなた方の主観だけがあるのです。

再び第5章に戻ってそれを確認してみましょう。壬生寺の庭の修理を成り立たせていたのは、副住職さんをはじめとする所有者の方々と庭師の片山さんおよび従業員の方々、そして私たち役人です。それらの人々は、それぞれの主観で壬生寺の庭の修理というひとつのことで「相互触発」を繰り返すことによって、共同体へと転じます。さらに修理された庭が公開されて数多く人々が訪れることにより、その経験が口コミで広がるなどして、共同体はかぎりなく広がっていきます。こうして壬生寺の庭の修理を媒介とする人々の間で、充実感などさまざまな意識が共有されます。そのような共同の意識は、長い年月をかけて持続すればするほど紛れもない妥当性として確立していくのです。

事前に断ってはいませんでしたが、実は本編では庭が「間主観」「相互解発」によって成り立っていることの事例について言及してきました。第1章では、来客がある住まいではハレとケの領域が時間差で使い分けられ、人々は職住の関係が近く複雑になるほど息抜きのための場所を求めることなどを示しました。第2章では、道具や美術品を収集すると人に見てもらいたくなると同時に、住まいを整える願望が生まれ、また、親しい人と飲食をともにしてそぞろ歩く喜びと庭を回遊する楽しみとの連動性などについて述べました。第3章では集団による権威は庭と建物の立派さで象徴されること、第4章では伊集院兼常と山県有朋の庭づくりをめぐる切磋琢磨を通して、時代を代表する林泉が生まれたプロセスを示しました。そして第5章では同じ課題を前にした過去と現代の職人は、似たような考え方へと導かれること、庭仕事の統一と連動して小集団が形成されることなどを伝えました。このように間主観性という考え方を通すと、同じ意志をもった人々の境遇については、過去と現代に強力な一貫性を認めることができます。

4　庭をめぐるポリリズム

私が日常生活の声をくみ取る学問を検討するにあたってもっとも影響をうけたのは、フランスの現象学者であるモーリス・メルロ＝ポンティです。彼は「人間の科学と現象学」（『眼と精神』所収、みすず書房、一九六六年）と題する論文のなかで、この学問が根拠を得ていくうえでの重要な考え方を示しています。それは簡単にいうと、私たちにとって日常生活の出来事のすべては、物質・生命・精神の秩序の絡み合いあるいは調和にもとづいているということです。私の解釈でいえば、庭石や池水・天候などは「物質」、庭に関わるすべての人や動植物は「生命」、社会・経済・文化的な事柄などは「精神」の秩序にもとづいています。これらの秩序の関係は並列しており互いに干渉しませんが、私たちの日常生活では常に絡み合った状況にあります。

また三つの秩序は、何万年から数百年あるいは一年から一時間までと、それぞれ時間軸の幅や周期が大きく異なります。その時間軸のずれは不協和音ではなく、異なる三つのリズムが地球の自転や公転といった尺度にもとづいてひとまとまりの調和をもっています。

私たちの日常生活の世界は、物質・生命・精神の秩序が絡みあう「構造の三つのタイプ」から成り立っており、それらが織りなす調和・連動性が結果的に人類に通じる規則性を生み出しているのです。まさに日常生活の声をくみ取る学問の普遍性や客観的な妥当性は、「構造の三つのタイプ」が生み出すポリリズムと人々が直接経験している境遇とを照合すれば、おのずと浮かび上がってきます。

このポリリズムとは一体どのようなことなのでしょうか。第5章で触れた円山公園の整備と同時に行われている、元気のなくなったサクラの植わる土の改良工事を通してそれをみていきましょう。「構造の三つのタイプ」を通してみれば、一口に「土」と言っても、物質としては「土質」、生命としては「土壌」、精神としては「遺構」と、次元ごとに言い分けることができます。

現代の円山公園で桜の花見で賑わう八坂神社から祇園枝垂れ桜に至るまでの区間は、江戸時代を通して荒野のような状況でした［図終－1］。地面を掘って断面を確かめると、「土質」は固く締まった粘質土や小石の層となっています［写真終－2］。そのせいで桜は十分に根を張れず養分もないため、頂部が枯れて背丈は低く、枝葉も広く伸ばせない状態にありました。桜を元気にするためには、現状の「土質」に堆肥や炭などを混ぜて桜の生

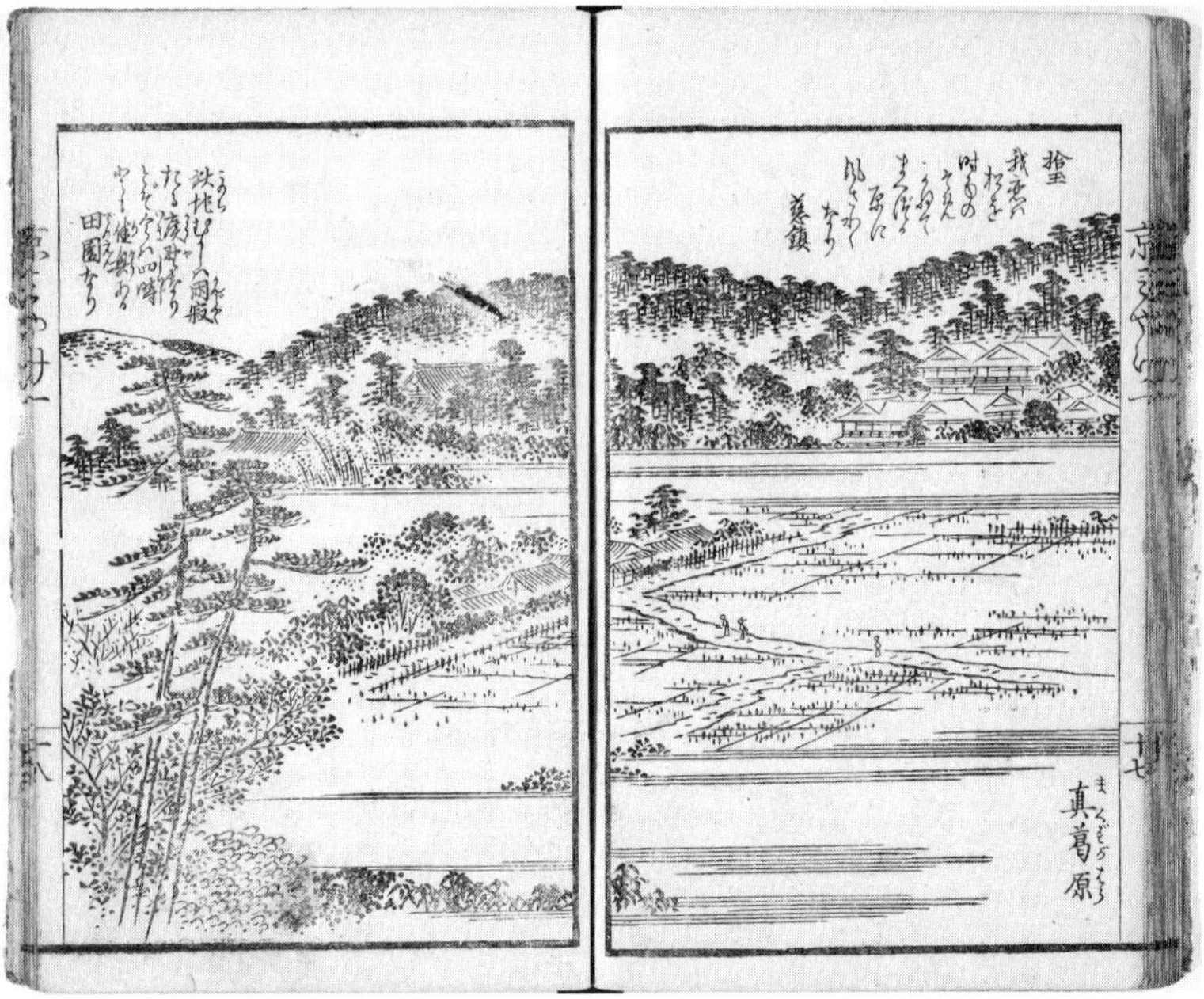

[図終－1]　『京みやけ』にみる江戸時代の円山公園

現代の円山公園は、桜の名所として知られています。それは1914年までに行われた改修以降の姿で、それ以前は、「真《ま》葛《くず》原《がはら》」と呼ばれる漠然とした荒廃地でした。なお江戸時代では、図の枠外左下方に位置する、八坂神社の北側にあった林で花見がなされていました。

長に適した「土壌」へと改良する必要があります［写真終−3］。そのさいには掘削が発生しますが、円山公園は国の文化財指定を受けているので、地下に眠る「遺構」の有無を事前に発掘調査して［写真終−4］重要なものであれば保護しなければなりません。

本来なら「土質」「土壌」「遺構」は互いに関係をもちませんが、花見を見据えて桜を元気づけようとする人々の動機が三つの次元を結びつけます。円山公園に植わる全域の桜をすべて元気にしようとすれば、全域の「土質」を桜の生長に適した「土壌」に改良することが望ましいといえます。しかし、地下にある「遺構」を保護するためには、どこでも深く掘ることができるというわけではありませんし、そもそも全体の「土質」自体が植栽に向いていません。そうすると桜を元気にするためには、おのずと桜一本の根鉢周りの「土質」をコンパクトに「土壌」改良するしかないというポリリズムへと至るのです。つまるところ、ここでいうポリリズムとは自然に落ち着いて行かざるをえない、ある状態・結果のことを意味します。

最後に、日常生活の声に耳を傾ける学問をするうえでは、何を参考にすればよいかというと、本編でも触れた平安時代から現代まで続く年中行事です。みな毎年めぐりくる季節を過ごし、正月からお盆、暮れの行事を繰り返し、さらに歳を重ねるなかで、それぞれ出

[写真終－２]　円山公園の土質
「土質」とは、土の物理的あるいは化学的な性質のことで、自然科学的に数値や化学式でも説明ができます。土質の内容は、火山の噴火や地殻変動などからもたらされています。私たちは土を合成したり加工したりすることはできますが、土の性質そのものは、自然の秩序に由来する人智を越えた次元にあります。この自然の秩序は、人間の精神世界とは関わりなく定まっている領域なので、いかに科学の技術が進もうと従わざるをえません。その一方で、人間が天体や地球の活動といった巨大な力に依存しているがゆえに、年中行事や伝統的な生業といった日常生活の一貫性が、自ずと生じてくるのです。

［写真終－３］　土壌の一例

「土壌」とは、風化した岩石などに死んだ動植物の分解物が混ざったもので、草木や花の生育にとって重要な要素です。あえて比較するならば、土質は無機質、土壌は有機質なものといえるでしょう。土壌の性質は、火山の噴火や地殻変動の生み出したものと、動植物による生命の秩序の影響にもとづいています。植物の生死や生長などといった現象も、生命の秩序の一部です。植物の生命活動そのものは人間とは関わりません。しかし、私たちが肥料や砂・礫を加えるなど土壌改良などをすることによって、長生きしたり、有益な作物をもたらしたりしてくれるといった、相互関係を結ぶことはできます。

［写真終－４］　円山公園で検出された遺構
「遺構」とは、人間が生活した痕跡が残る土地のことです。考古学の分野では、埋没した人間が使った物のことを「遺物」といい、遺構と併せて「遺跡」といういい方をします。また遺構に対して、人の住んだ痕跡の見られない土層のことを「地山《じやま》」という場合もあります。人が生活した結果として成り立つ遺構は、精神の秩序の影響下にあります。ただし、それはすべて人間の思うままにつくられたことを意味するのではありません。住居の地盤に対しては土質を、植物の採取地や耕作地の選定には土壌のことを検討する必要があるなど、自然・生命の秩序を念頭において成立したものであるからです。

産や七五三、成人式、婚礼、葬儀などを体験します。それら催事は、同じような自然条件を長い時間過ごすなかで定着した習慣であり、その背景に「構造の三つのタイプ」が関連していることをみれば、数多くの主観の間で揺るぎない妥当性が認められます。「大庭」「坪」「屋戸」「島・林泉」が、それら繰り返される行動の舞台となったのは、偶然ではありません。私たちにとって庭は、季節や気候の変化、時間の移り変わりを見届けるのにふさわしいものとして持続し、継承されてきたのです。

月並みな言葉でいうと、その妥当性とは「理《ことわり》」であり日常生活の実務を進めるうえでの重要な共通言語となります。実務を成し遂げるためには、自らが学んできた「専門母型」や感性を押し付け合っても、暗礁に乗り上げるか軋轢を生むだけでしかありません。みなが同じ「理」を念頭におくことが何より大事なのです。

これまで「庭園」の本や研究では、この日常生活における「理」について言及されることがありませんでした。そのために、案内書や研究論文を読んでもどのような立ち位置で述べられているかわからなかったり、同じ実務に携わっていても「同床異夢」のような状況を招いたりしてきました。そこで本書では、先人が庭に関わってきた歴史のなかで裏付けられてきた「理」を浮き彫りにしようとしてきました。それはひとえに、千二百年以上ものの長きにわたって続いてきた庭の文化を円滑かつ確実に引き継いでいくための試みだったのです。

おわりに

本書は、二〇一二年に宗教と文化の専門新聞「中外日報」で一年間連載した記事「庭園の美と心」を下敷きとして、二〇一七年に大阪大学人間科学研究科に提出した博士論文「庭の発生的現象学――土地をめぐる実践知の学の試論」のエッセンスを加えて書き下ろしたものです。

庭はその本性として、絵画や建築の作品などとちがって絶えず生起し続け、また実用のための役割をもち、生活の状況に応じてその機能（意味）を変えます。本書ではそれらのことを、平安時代からの庭の歴史をたどりながら解き明かしてきました。また、固定した造形作品とみなして「庭園」を様式で解釈することが、近代的な学問による上空飛行的な見方によって生み出されてきたことを示しました。

一介の役人に過ぎない私が庭の通史という大それたテーマに挑むことになった理由は、実務のうえで研究活動をかけもちしていることと関係しています。まずは断っておきますと、私は近代的な学問を批判しようとしてきたわけではありません。庭を含む住まいなど日常生活の出来事を学術研究として取り上げるためには、上空飛行的な見方では庭の修理や管理といった実務とのズレが生じ、現場に混乱をきたすので、地に足をつけた態度が求められることを主張したかっただけです。

私が所属してきた京都市役所の文化財保護課には、いくつかの文化財ごとに専門の技師が配属されています。技師についてはそれほど異動がありません。日常の仕事は、指定された文化財の修理と維持管理をするための助成金の交付や、それらの現状を変える場合の書類手続きです。それには単に書類を右から左に流すというわけにはいきませんので、現場へ出向いて実情を確かめる必要があります。また工事にあたっては、事前に文化財の所有者や出入りの庭師さんたちと現地で意見交換し、個々の事情に合わせて方針と計画を立てたうえで実行にうつります。修理後は、将来も工法や考え方が再現できるように記録としての報告書あるいはレポートを作成します。

ちなみに私の事務と現場仕事の割合はおよそ半々でした。現場でしか会わない方はスーツ姿の私を見ることなどないため、作業着のイメージしかないといわれることがよくあります。天然記念物の樹木が弱っていると聞けば治療の段取りを組んだり、特別天然記念物のオオサンショウウオを保護するために胴長を穿いて川に入ったりすることもあります。

さらに文化財を幅広い方々に知っていただくために出前講座へも出向きます。

新しい文化財を指定するための調査と手続きは、とくに重要な仕事でした。国や都道府県、市町村には、それぞれ文化財の保護に関する審議会が置かれているところがあります。審議会に所属する委員は、幅広い分野の学者で構成されており、行政側が挙げる文化財指定の候補を審議します。そこで技師らは、現地や資料館に通って資料を収集して精査し、審議のための説明文を作成します。

こうした仕事をこなすためには、数多くの学者や専門家との交流が欠かせませんでした。それは審議会だけではなく、文化財に指定された庭の修理や維持管理においても、学者や専門家から意見を求められる場合があるためです。ひいては自分で研究をしなければ指摘の意味さえ理解できず、話題にもついていけないので、人間関係を構築するためにも学会などに参加することになります。そして実務と研究の二足のわらじを履いていくうちに、現場で起こっていることと学会で論じられていることに埋めがたい溝があることを確信するようになったのです。

伝統的な住まいの所有者をはじめとして、庭師や大工、不動産業者、設計業者など、私が現場で出会ってきた方々の多くは、その継承に心血を注いでおられます。役人としてはその姿勢にたいして、真剣に向き合わなければなりません。難題が生じたり妥協におちいったりしそうなときは、意見がぶつかることがあります。そんなとき、激情家の私は感情的になって現場を気まずい空気にすることもあるのですが、みなさんとともにさまざまな困難を乗り越えることで信頼関係が深まることが経験的には多くあります。いわば緊張感をもって切磋琢磨することが、伝統ある土地を継承していくうえでの原動力であるとさえ感じられます。伝統ある土地の継承はきれいごとで済まされない生々しく困難なものです。それは庭も例外ではなく、つねに手の入った状態を持続するためには良好な対人関係を保つことが重要になります。しかしながら従来の研究では、日常生活におけるそのような出来事が真正面から取り上げられることはありませんでした。

近代的な学問とはそんなものかとやり過ごすのがふつうかもしれません。しかし私は現場と学問との間で埋めがたい溝があることに、何か根本的な理由があるのではないかと考えるようになりました。それは学会へ何度か論文を投稿し審査を経験してみて、修正や不採用の指摘点が共通して日常生活と密接につながる部分だったからです。そのことを逆手に取って、日常生活の出来事の学術研究が可能ではないかと思い至りました。そこで、もともと関心があった「直接的な「生きられた経験」（体験）に立ち返って、この「意味」を帯びた体験の成り立ちを解明しようとする」（西村ユミ・榊原哲也編著『ケアの実践とは何か』ナカニシヤ出版、二〇一七年）現象学に取り組むため、在職中に博士課程に進みました。

日常生活の出来事を記述すること自体は、何も難しいことではありません。ただし、日常のことをそのまま書くだけでは報告書か日記でしかないので、何らかの普遍性や客観性が認められないかぎり、学術的には主観論や経験論であると批判を受けます。どのようにすれば上空飛行的ではなく、かつ、普遍性や客観性をもった研究ができるかについては、終章でおおまかな考え方を示しました。さらに詳しく知りたい方はインターネット上の「大阪大学リポジトリ」で博士論文の全文がダウンロードできますので参考にしてくだされば幸いです。

本書の作成に当たっては元々、博士論文を読みやすく書き改めたものと、専門家に向けた庭の歴史研究の原稿を別々に用意していました。それが紆余曲折あって、そのどちらでもない現象学的な見方による庭の歴史の一般書というかたちとなりました。幅広い方々に庭のことを知っていただく機会となったのは、とても喜ばしいのですが、本来は順序が逆であったほうが、本書の記述の多くを唐突だと思われにくかったかもしれません。いずれ当初に計画していた二つの原稿についても、日の目を見ることがあればと思っています。

本書は全編にわたって、数多くの庭の所有者さんや庭師さんたちのご協力を反映しています。高校生時代に芸術の道を示してくださった陶芸家の國松万琴先生、庭園学の手法を手ほどきしてくださった京都芸術大学（旧称・京都造形芸術大学）歴史遺産学科の仲隆裕教授、哲学研究の深淵へと導いてくださった大阪大学人間科学研究科の村上靖彦教授には、感謝の念を禁じえません。これまで所属してきた大学の先生方や友人、庭園学会と臨床実践の現象学会のみなさまには、励ましの言葉をたくさん頂戴してきました。京都市文化財保護課のみなさまは、毎週火曜日の午後に後半休を取得して大学に通う私を快く見送ってくださいました。この場を借りてすべての方々に厚く御礼申し上げます。

そして新聞への記事の連載、大学院への通学、書籍の刊行までも認めていただける京都市役所の懐の深さを誇りに思っています。ちなみに本書は「本務外従事許可」を取得したうえで、すべて公務外の時間を使って作成しております。なお、本文で非公開と記した場所への連絡と、本書についての各所ならびに京都市役所への問い合わせは、どうぞお控えくださいますよう願います。

最後に、こうしてはじめての単著をまとめることができたのも、親戚ならびに家族の協力と支援のおかげです。心から感謝しています。

主要参考文献

建　築

川上貢『日本中世住宅の研究〔新訂〕』中央公論美術出版、二〇〇二年
川上貢『禅院の建築——禅僧のすまいと祭享〔新訂〕』中央公論美術出版、二〇〇五年
川本重雄『寝殿造の空間と儀式』中央公論美術出版、二〇〇五年
中村昌生先生喜寿記念刊行会編『建築史論聚』思文閣出版、二〇〇四年

公　園

白幡洋三郎『近代都市公園史の研究——欧化の系譜』思文閣出版、一九九五年
田中正大『SD選書87　日本の公園』鹿島出版会、一九七四年

宗　教

末木文美士『日本仏教史——思想史としてのアプローチ』新潮文庫、一九九六年
高木豊『図説　日本仏教の歴史——鎌倉時代』佼成出版社、一九九六年
竹貫元勝『紫野大徳寺の歴史と文化』淡交社、二〇一〇年
戸頃重基『鎌倉佛教——親鸞・道元・日蓮』中公文庫、二〇〇二年

茶の湯

千宗室監修、中村利則編『茶道学大系　第六巻　茶室・露地』淡交社、二〇〇〇年

相阿弥（村井康彦校訂訳注）『茶の湯の古典1　君台観左右帳記・御飾書』世界文化社、一九八三年
筒井紘一訳、赤井達郎・中村利則編『茶の湯絵画資料集成』平凡社、一九九二年
林屋辰三郎著、村井康彦解説『図録茶道史――利休の道統』淡交社、一九六四年
中村幸『茶道教養講座6　茶事・茶会』淡交社、二〇一九年

庭

上原敬二『庭園入門講座10　日本式庭園・各種庭園』加島書店、一九八七年
今江秀史「山県有朋と無隣庵保存会における無隣庵の築造と継承の意志の解明」『京都市文化財保護課研究紀要　創刊号』京都市、二〇一八年
今江秀史「名勝円山公園の開設から継承の歴史」『京都市文化財保護課研究紀要　第2号』京都市、二〇一九年
京都市文化市民局／京都造形芸術大学日本庭園・歴史遺産研究センター編『京都市内未指定文化財庭園調査報告書　第1冊　岡崎・南禅寺界隈の庭の調査』京都市文化市民局、二〇一二年
京都市文化市民局／京都造形芸術大学日本庭園・歴史遺産研究センター編『京都市内未指定文化財庭園調査報告書　第2冊　町家・民家の庭の調査』京都市文化市民局、二〇一三年
醍醐寺編『特別史跡及び特別名勝醍醐寺三宝院庭園保存修理事業報告書Ⅰ〈園池編〉』醍醐寺、二〇一一年
森蘊『日本史小百科　庭園』、東京堂出版、一九九三年
吉川需編『日本の美術61　枯山水の庭』至文堂、一九七一年
吉永義信『日本の庭園――京都の寺院を中心として』至文堂、一九五八年

歴史

阿部俊子『伊勢物語（下）全訳注』講談社学術文庫、一九七九年

栄西（吉田紹欽訳）『禅の古典1　喫茶養生記』講談社、一九八二年
朧谷寿『藤原氏千年』講談社現代新書、一九九六年
笠原一男『蓮如』講談社学術文庫、一九九六年
倉田実編『平安文学と隣接諸学1　王朝文学と建築・庭園』竹林舎、二〇〇七年
倉田実編『ビジュアルワイド　平安大事典――図解でわかる「源氏物語」の世界』朝日新聞出版、二〇一五年
倉本一宏『藤原道長「御堂関白記」（上）全現代語訳』講談社学術文庫、二〇〇九年
倉本一宏『藤原道長の権力と欲望――「御堂関白記」を読む』文春新書、二〇一三年
河野眞知郎『中世都市鎌倉――遺跡が語る武士の都』講談社選書メチエ、一九九五年
小松茂美編『日本の絵巻8　年中行事絵巻』中央公論社、一九八七年
佐藤道信『明治国家と近代美術――美の政治学』吉川弘文館、一九九九年
澤島英太郎・吉永義信『二條城』相模書房、一九四二年
関幸彦『武士の原像――都大路の暗殺者たち』PHP研究所、二〇一四年
高埜利彦『日本史リブレット36　江戸幕府と朝廷』山川出版社、二〇〇一年
山中裕『平安朝の年中行事』塙書房、一九七二年
山中裕・鈴木一雄編『平安時代の文学と生活　平安貴族の環境』至文堂、一九九四年
山中裕・鈴木一雄編『平安時代の文学と生活　平安時代の信仰と生活』至文堂、一九九四年
山中裕・鈴木一雄編『平安時代の文学と生活　平安時代の儀礼と歳事』至文堂、一九九四年
脇田晴子『室町時代』中公新書、一九八五年

哲学・現象学

エドムント・フッサール（細谷恒夫・木田元訳）『ヨーロッパ諸学の危機と超越論的現象学』中公文庫、一九九五年

エドムント・フッサール（山口一郎・田村京子訳）『受動的綜合の分析』国文社、一九九七年
エドムント・フッサール（浜渦辰二・山口一郎監訳）『間主観性の現象学――その方法』ちくま学芸文庫、二〇一二年
榊原哲也『シリーズケアを考える　医療ケアを問いなおす――患者をトータルにみることの現象学』ちくま新書、二〇一八年
谷徹『意識の自然――現象学の可能性を拓く』勁草書房、一九九八年
トーマス・クーン（中山茂訳）『科学革命の構造』みすず書房、一九七一年
西村ユミ・榊原哲也編著『ケアの実践とは何か――現象学からの質的研究アプローチ』ナカニシヤ出版、二〇一七年
村上靖彦『摘便とお花見――看護の語りの現象学』医学書院、二〇一三年
モーリス・メルロ＝ポンティ（滝浦静雄・木田元訳）『行動の構造』みすず書房、一九六四年
モーリス・メルロ＝ポンティ（竹内芳郎・小木貞孝訳）『知覚の現象学1』みすず書房、一九六七年
モーリス・メルロ＝ポンティ（竹内芳郎・木田元・宮本忠雄訳）『知覚の現象学2』みすず書店、一九七四年
モーリス・メルロ＝ポンティ（木田元・滝浦静雄・竹内芳郎訳）『メルロ＝ポンティ・コレクション1　人間の科学と現象学』みすず書房、二〇〇一年

考古学

財団法人京都市埋蔵文化財研究所編『京都市埋蔵文化財研究所発掘調査概報　2002－7　平安京左京三条三坊十町（押小路殿・二条殿）跡』財団法人京都市埋蔵文化財研究所、二〇〇二年
財団法人京都市埋蔵文化財研究所編『京都市埋蔵文化財研究所調査報告第21冊　平安京右京三条二坊十五・十六町――「齋宮」の邸宅跡』財団法人京都市埋蔵文化財研究所、二〇〇二年
財団法人京都市埋蔵文化財研究所編『京都市埋蔵文化財研究所調査報告第20冊　鳥羽離宮跡1　金剛心院跡の調査』財団法人京都市埋蔵文化財研究所、二〇〇二年

財団法人古代学協会・古代学研究所編『平安京提要』角川書店、一九九四年

自然科学

J・J・ギブソン（古崎敬・古崎愛子・辻敬一郎・村瀬旻訳）『生態学的視覚論――ヒトの知覚世界を探る』サイエンス社、一九八五年
T・J・ロンバード（古崎敬・境敦史・河野哲也監訳）『ギブソンの生態学的心理学――その哲学的・科学史的背景』勁草書房、二〇〇〇年

［写真３－５］　著者撮影
［写真４－１］　京都市文化市民局文化財保護課撮影
［写真４－２］　有限会社オプス／京都市文化市民局文化財保護課撮影
［写真４－３］　有限会社オプス／京都市文化市民局文化財保護課撮影
［写真５－１］　京都市文化市民局文化財保護課撮影
［写真５－２］　京都市文化市民局文化財保護課撮影
［写真終－１］　京都市文化市民局文化財保護課撮影
［写真終－２］　京都市文化市民局文化財保護課撮影
［写真終－３］　京都市文化市民局文化財保護課／京都市建設局提供
［写真終－４］　京都市文化市民局文化財保護課撮影

の庭の調査』京都市文化市民局、2013年、62ページ
[図3－9]　木津宗隆・来田幸子編『武者小路千家 官休庵』1999年、武者小路千家官休庵、5ページ
[図3－10]　藪内紹智監修・藪内燕庵編『藪内家の茶道』古儀茶道藪内流竹風会、2008年、11ページ（一部修正）
[図4－1]　京都市文化市民局文化財保護課（一部修正）
[図4－2]　『京都市指定名勝廣誠院庭園保存管理指針 報告書』宗教法人廣誠院、2014年、3ページを元に作成
[図4－3]　「名勝円山公園保存管理計画 概要版」京都市建設局みどり政策推進室、2016年（一部修正）
[図4－4]　京都市文化市民局文化財保護課
[図4－5]　重森三玲『日本庭園史図鑑 明治大正昭和時代三』有光社、1939年、21-26ページ附図
[図5－1]　京都市建設局提供「2016（H28）円山公園実測平面図」（一部修正）
[図5－2]　京都市建設局提供「2016（H28）円山公園実測立面図」（一部修正）
[図終－1]　立命館大学アート・リサーチセンター提供（Ebi1090）
[写真序－1]　源氏物語ミュージアム／神崎順一撮影
[写真序－2]　源氏物語ミュージアム／神崎順一撮影
[写真序－3]　源氏物語ミュージアム／神崎順一撮影
[写真序－4]　源氏物語ミュージアム／神崎順一撮影
[写真序－5]　長江家住宅／京都市文化市民局文化財保護課撮影
[写真序－6]　鎌倉文学館／著者撮影
[写真序－7]　源氏物語ミュージアム／神崎順一撮影
[写真1－1]　著者撮影
[写真1－2]　風俗博物館
[写真1－3]　風俗博物館
[写真2－1]　フリピク！
[写真2－2]　天龍寺／京都市文化市民局文化財保護課撮影
[写真2－3]　醍醐寺／京都市文化市民局文化財保護課撮影
[写真2－4]　醍醐寺／京都市文化市民局文化財保護課撮影
[写真2－5]　醍醐寺／京都市文化市民局文化財保護課撮影
[写真3－1]　京都市文化市民局元離宮二条城事務所／京都市文化市民局文化財保護課撮影
[写真3－2]　京都市文化市民局元離宮二条城事務所／京都市文化市民局文化財保護課撮影
[写真3－3]　立本寺／京都市文化市民局文化財保護課撮影
[写真3－4]　本願寺／著者撮影

■図・写真出典一覧

［図序－1］　著者作成
［図序－2］　著者作成
［図序－3］　《年中行事絵巻》国立国会図書館デジタルコレクション
［図序－4］　《年中行事絵巻》国立国会図書館デジタルコレクション
［図序－5］　《年中行事絵巻》国立国会図書館デジタルコレクション
［図1－1］　《年中行事絵巻》国立国会図書館デジタルコレクション
［図1－2］　《年中行事絵巻》国立国会図書館デジタルコレクション
［図1－3］　倉田実編『平安大事典』朝日新聞出版、2015年、18ページ
［図1－4］　京都市文化市民局文化財保護課の資料を元に作成
［図1－5］　《類聚雑要抄指図巻》を参照して作成
［図1－6］　《年中行事絵巻》国立国会図書館デジタルコレクション
［図1－7］　《年中行事絵巻》国立国会図書館デジタルコレクション
［図2－1］　日本建築学会編『日本建築史図集 新訂版』彰国社、1980年、60ページ
［図2－2］　森蘊『日本史小百科 庭園』東京堂出版、1993年、205ページ
［図2－3］　愛媛大学鈴鹿文庫
［図2－4］　《足利将軍参詣絵巻》若宮八幡宮社／京都市歴史資料館提供
［図2－5］　野間光辰編、新修京都叢書刊行会編著『新修京都叢書 第9巻 都林泉名勝図会』臨川書店、1994年、160ページ
［図2－6］　野間光辰編、新修京都叢書刊行会編著『新修京都叢書 第6巻 都名所図会』臨川書店、1994年、142-143ページ
［図2－7］　森蘊『日本史小百科 庭園』東京堂出版、1993年、199ページ（一部修正）
［図2－8］　著者作成
［図3－1］　森蘊『日本史小百科 庭園』東京堂出版、1993年、236ページ
［図3－2］　澤島英太郎・吉永義信『二條城』相模書房、1942年（一部修正）
［図3－3］　森蘊『日本史小百科 庭園』東京堂出版、1993年、247ページ（一部修正）
［図3－4］　森蘊『日本史小百科 庭園』東京堂出版、1993年、241ページ（一部修正）
［図3－5］　公益財団法人郡山城史跡・柳沢文庫保存会
［図3－6］　吉川需『小石川後楽園』東京都公園協会、1994年、3ページ
［図3－7］　名勝滴翠園記念物保存修理委員会『名勝滴翠園 記念物保存修理事業報告書』宗教法人本願寺、2009年、17ページ（一部修正）
［図3－8］　京都市文化市民局／京都造形芸術大学日本庭園・歴史遺産研究センター編『京都市内未指定文化財庭園調査報告書 第二冊 町家・民家

ヤ行

ラ行

ワ行

ナ行

ハ行

マ行

サ行

タ行

事項索引

＊下記のとおり、項目名の後に属性（類型）を示している。
〈住〉＝住まい（庭・建築等）の用語　〈史〉＝歴史的事項
〈学〉＝学術的概念（哲学的概念）〈人〉＝人名　〈資〉＝図書・作品名

ア行

カ行

ナ行

ハ行

マ行

ヤ行

ラ行

庭・建築・地名索引

今江　秀史（いまえ　ひでふみ）

1975年山口県生まれ，京都府京都市育ち。

京都造形芸術大学修士課程修了。大阪大学人間科学研究科博士後期課程修了。人間科学博士。

現在，京都市役所勤務。

専門は，庭の歴史や仕組み・修理・維持管理・職人言葉の研究，現象学的質的研究。

著書に，『王朝文学と建築・庭園』（共著，竹林舎，2007年），『京都 実相院門跡』（共著，思文閣出版，2016年）。

京都発・庭の歴史

2020年7月31日　第1刷発行　　定価はカバーに表示しています

著　者　今　江　秀　史
発行者　上　原　寿　明

世界思想社
京都市左京区岩倉南桑原町56　〒606-0031
電話　075(721)6500
振替　01000-6-2908
http://sekaishisosha.jp/

（印刷・製本 太洋社）

落丁・乱丁本はお取替えいたします。


ISBN978-4-7907-1743-0

『京都発・庭の歴史』
読者にお薦めの本

司馬遼太郎　旅する感性

桑島秀樹

日本各地や朝鮮半島に日本人の祖形を探り、アイルランドやオランダ、そしてアメリカに文明の起源をたずねた司馬遼太郎。『街道をゆく』をつらぬく独自の感性を解き明かし、行き詰まった現代社会のその先まで見晴るかす、新たな歴史風景論。

定価 2,100 円（税別）

感性は感動しない——美術の見方、批評の作法

椹木野衣

子供の絵はなぜいいの？絵はどうやって見てどう評価すればいい？美術批評家・椹木野衣は、どのようにつくられ、どんなふうに仕事をして生きているのか？絵の見方と批評の作法を伝授し、批評の根となる人生を描く。著者初の書き下ろしエッセイ集。

定価 1,700 円（税別）

広辞苑はなぜ生まれたか——新村出の生きた軌跡

新村恭

【三浦しをん氏推薦！】「偉大にしてチャーミング！　『広辞苑』編者・新村出先生の多岐にわたる業績だけでなく、恋愛や生活をも知ることができ、胸キュンしました。なんと魅力的なお人柄！」没後 50 年、初の伝記。厖大な資料から祖父の素顔に迫る。

定価 2,300 円（税別）

京都学を学ぶ人のために

上田正昭 監修／芳賀徹・冨士谷あつ子 編

古都・京都に、ふたたび文化空間としての高密度性＝都市としての生の統一性を回復するために、この都の生成の歴史と文化・産業の展開の歴史を「比較」の視野で展望しなおす。世界に開かれ、都市の学芸復興に新たな寄与をなすことをめざして。

定価 2,300 円（税別）

定価は，2020 年 6 月現在